# Welkom!

## Niederländisch für Anfänger

Lösungsheft zu Lehr- und Arbeitsbuch

von
Doris Abitzsch
Stefan Sudhoff

Beratung von
Jos Kalisvaart
Mei Ying van Overhagen

Ernst Klett Sprachen
Stuttgart

1. Auflage    1 6 5 4 3  |  2014 13 12 11

Alle Drucke dieser Auflage sind unverändert und können im Unterricht nebeneinander verwendet werden. Die letzte Zahl bezeichnet das Jahr des Druckes.

Das Werk und seine Teile sind urheberrechtlich geschützt. Jede Nutzung in anderen als den gesetzlich zugelassenen Fällen bedarf der vorherigen schriftlichen Einwilligung des Verlags. Hinweis zu § 52 a UrhG: Weder das Werk noch seine Teile dürfen ohne eine solche Einwilligung eingescannt und in ein Netzwerk eingestellt werden. Dies gilt auch für Intranets von Schulen und sonstigen Bildungseinrichtungen.

Fotomechanische oder andere Wiedergabeverfahren nur mit Genehmigung des Verlags.

© Ernst Klett Sprachen GmbH, Stuttgart 2010
Alle Rechte vorbehalten.
Internetadresse: www.klett.de

**Autoren** Doris Abitzsch, Stefan Sudhoff
**Beratung** Jos Kalisvaart, Mei Ying van Overhagen

**Redaktion** Michael Krumm, Sonja van Kleef, Stefan Sudhoff
**Lektorat** Michael Krumm, Mei Ying van Overhagen
**Layoutkonzeption** Marion Köster, Stuttgart
**Illustrationen** Gregor Schöner, München
**Gestaltung und Satz** grundmanngestaltung, Karlsruhe
**Umschlaggestaltung** Friedemann Bröckel, Stuttgart
**Reproduktion** Format GmbH, Ettlingen
**Titelbild** Junge Frau: Avenue Images GmbH (Bilderlounge RF), Hamburg;
Brücke: iStockphoto (LyaC), Calgary, Alberta;
Tulpen: iStockphoto (Jaap Hart), Calgary, Alberta;
Boote auf Kanal: iStockphoto (x-drew), Calgary, Alberta;
Eisläufer: Fotolia LLC (Dev), New York
**Druck und Bindung** Druckerei A. Plenk KG, Berchtesgaden
Printed in Germany

**ISBN** 978-3-12-528882-9

# Lösungen zum Lehrbuch

## 1 De aankomst in Nederland

**Auftakt**
1. Ik neem je koffer wel.
2. Leuk je te leren kennen.
3. Kom, we gaan naar huis
4. Welkom in Nederland!

**A2**
1. Ik heet … / Ik ben …
2. Ik kom uit …
3. Ik woon in …

**A3**
1c | 2d | 3e | 4a | 5b

**B1**
☞ Grammatik 1, LB S. 204

**B2**
1. Hij, hij
2. We, We, Hij
3. Ze, Ze, We, Ik, zij

**B3**

| ik | Stamm |
|---|---|
| je/jij | Stamm + t |
| u | Stamm + t |
| hij, ze/zij, het | Stamm + t |
| we/wij | Stamm + en (= Infinitiv) |
| jullie | Stamm + en (= Infinitiv) |
| ze/zij | Stamm + en (= Infinitiv) |

**B4 + B7**

| ik | woon | heet | ken | zit |
|---|---|---|---|---|
| je/jij | woont | heet | kent | zit |
| u | woont | heet | kent | zit |
| hij, ze/zij, het | woont | heet | kent | zit |
| we/wij | wonen | heten | kennen | zitten |
| jullie | wonen | heten | kennen | zitten |
| ze/zij | wonen | heten | kennen | zitten |

Besonderheiten: ☞ Grammatik 7.1, LB S. 222

**B5**
wo-nen, he-ten, ken-nen, zit-ten

**B6**
lang, kurz, lang, kurze, lange

**C5**
1e | 2a | 3i | 4b | 5g | 6d | 7c | 8f | 9h

**D1**
1. Dag!
2. Tot ziens!
3. Goedemorgen!
4. Welterusten! / Slaap lekker!
5. Doei!
6. Hoi!
7. Goedemiddag!
8. Goedenavond!

**D2** (Beispiellösung)
D Dag, ik ben Frank Schmidt.
D Goedemiddag.
D Ik kom uit Wuppertal. Dat is in Duitsland. En u?
D En waar woont u?
D Ik woon in Königswinter. Dat is in de buurt van Bonn.
D Dank u wel.

**D3**
1. Rigthuizen
2. Anne-Will
3. Geerse

## 2 De cursus Nederlands

**A1**
1. schrijven
2. spreken
3. lezen
4. luisteren
5. vragen
6. antwoorden

**A3**

**B2**
de, de, de, een, het, de, een, het, een, een

### B3
de, -s, -'s, -en
-s, -'s, -en

### B5
1. de mannen  3. de kazen  5. de bommen
2. de manen  4. de bomen  6. de dieven

### B6
je, ze, jullie, u

### B7
☞ Grammatik 1, LB S. 204

### C1
nul, één, twee, drie, vier, vijf, zes, zeven, acht, negen, tien

### D1
1. Met hem gaat het goed / prima / uitstekend / hartstikke goed.
2. Met haar gaat het slecht / niet zo goed.
3. Met hen gaat het goed / prima / uitstekend / hartstikke goed.
4. Met hem gaat het slecht / niet zo goed.

### D2 (Beispiellösung)
▶ Hoeveel vrouwen zijn er?
▷ Er zijn zes vrouwen. Hoeveel borden zijn er?
▶ Er is één bord. Hoeveel mannen zijn er?
▷ Er zijn drie mannen. Hoeveel tafels zijn er?
▶ Er zijn vijf tafels. Hoeveel posters zijn er?
▷ Er zijn twee posters. …

### D3 (Beispiellösung)
| | |
|---|---|
| Cursus: | Nederlands A1 |
| Naam: | Mauersberg |
| Tussenvoegsel: | von |
| Voorletter(s): | S |
| Voornaam: | Svenja |
| Geslacht: | vrouw |
| Straat: | Grote Houtstraat |
| Huisnummer en toevoeging: | 27a |
| Postcode: | 2011 SB |
| Plaats: | Haarlem |
| Leeftijdsgroep: | 46 t/m 55 |
| Telefoon privé: | 023 – 354 26 89 |
| Telefoon werk: | 023 – 477 88 75 |
| Telefoon mobiel: | 06 – 468 655 74 |
| E-mailadres: | s.v.mauersberg@kpnplanet.nl |
| Rekeningnummer: | 32 55 48 691 |
| Bedrag: | 327,– |
| Datum: | 25-9-2010 |
| Handtekening: | *Svenja von Mauersberg* |

## 3 Een afspraak in een café

### A2
1. goed  3. goed  5. fout
2. fout  4. fout  6. goed

### A3
1b | 2d | 3e | 4f | 5c | 6a

### A4
1. Wat is je (mobiele) nummer?
2. Wat is het adres?
3. Bevalt …?
4. Klopt dat?

### B1
☞ Grammatik 1, LB S. 204

### B2
onze, je, zijn, ons, Hun, je, onze, jullie

### B3
zich, je, u, zich, Personalpronomen (Objekt)

### B5
1. schaam, me  4. wast, zich
2. bel, op  5. sta, op, kleed, me, aan
3. spreken, af

### C2
1. 9.00 uur  3. 14.16 uur
2. 15.15 uur  4. 10.40 uur / 22.40 uur

### C3
de maanden van het jaar:
januari, februari, maart, april, mei, juni, juli, augustus, september, oktober, november, december
de dagen van de week:
maandag, dinsdag, woensdag, donderdag, vrijdag, zaterdag, zondag

## D1

het eten – warm:
de soep, de tosti ham/kaas, de uitsmijter, de portie bitterballen, de daghap, de pannenkoek

het eten – koud:
de maaltijdsalade, de portie kaas, het broodje oude kaas

de dranken – warm:
de koffie verkeerd, de muntthee, de chocomel met slagroom

de dranken – koud:
de frisdrank, het biertje, het sinaasappelsap, de spa, het borreltje

## D2

1. Hallo Katja …
2. Hallo, zeg het maar …
3. Een muntthee en een koffie verkeerd …
4. Willen jullie nog iets drinken …
5. Alsjeblieft, 7 euro …

## D3

de ober / de serveerster:
Zeg het maar.
Willen jullie ook iets eten?
En jij?
Willen jullie nog iets drinken?
Dat is dan 12 euro 40 bij elkaar.
Met 1 is 15 en 5 is 20.

de gast:
Voor mij een muntthee, alsjeblieft.
Een koffie verkeerd, graag.
Op dit moment nog niet, maar misschien later wel.
Ik neem nog een broodje gezond.
Kunnen we afrekenen?
Doe maar 14.

# 4 Mijn familie en ik

### Auftakt

3 – trouwen
2 – in verwachting zijn
1 – scheiden
4 – verliefd zijn

### A2

1. jong – oud
2. lelijk – knap
3. klein – lang
4. dik – slank/mager

### A3

grijs haar hebben, sproeten hebben, een baard hebben, gespierd zijn, een bril dragen, blonde krullen hebben, blauwe ogen hebben

### A4

1b | 2ab | 3c | 4a | 5a | 6ac

Oom Henk en tante Lies zijn 14 jaar getrouwd, niet 25.
De nieuwe partner van tante Lies heet Frans van Dongen, niet Jasper.
Over twee maanden gaat Annemieke trouwen.
Iris vertelt niet wanneer de baby komt.
Annemieke heeft een vaste vriend.
Iris is verliefd op Jasper, niet op Frans.
De nieuwe vriend van Iris draagt een bril en geen oorbel.

### B2

1. nieuwe        3. grote        5. dik, zwaar
2. Goed, slecht  4. warm, koude  6. braaf

### B3

☞ Grammatik 1.4, LB S. 205

### B5

1. Er gebeurt zoveel.
2. Ze heeft er al twee.
3. Zijn ouders wonen er nog steeds.
4. Nou ja, als tante Lies er maar gelukkig mee is.

### C1

1. de man, de vrouw
2. de vader, de moeder
3. de zoon, de dochter
4. de opa, de oma
5. de kleinzoon, de kleindochter
6. de schoonvader, de schoonmoeder
7. de zus
8. de oom
9. de nicht
10. de zwager
11. de schoonzoon

### C2

1e | 2f | 3a | 4b | 5c | 6g | 7d

### C3

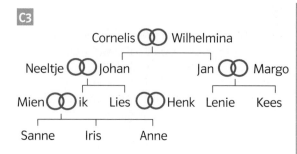

### C5
heel erg, erg, vrij, best wel, niet erg, helemaal niet

### D1
1. De ketting is rood. – een rode ketting
2. De hond is zwart. – een zwarte hond
3. De bril is bruin. – een bruine bril
4. De tulp is geel. – een gele tulp
5. Het huis is oranje. – een oranje huis
6. De tas is blauw. – een blauwe tas
7. Het krijtje is wit. – een wit krijtje
8. Het kopje is groen. – een groen kopje

### D2
S. 45: Mila, Quinten, Olga
S. 192: Job, Anke, Stijn

### D3 (Beispiellösung)
S. 45: Robert is een jonge man. Hij heeft bruin haar. Zijn haar is niet lang, maar ook niet kort. Zijn ogen zijn ook bruin. Robert draagt geen bril.
S. 192: Erica is een jonge vrouw. Ze is lang en slank. Ze heeft kort haar. Haar haar is zwart. Haar ogen zijn bruin. Ze draagt geen bril.

## Tussenstop 1

### 1 + 2
links: de laptop, het bureau, de foto, het plakband, de telefoon, de perforator, het potlood, het schrijfblok, de agenda
rechts: de lamp, de map, de schaar, de cd, het etui, de pen, het boek

### 4
1. 11.15 uur
2. Museum Het Rembrandthuis
3. 't Hoogt

### 6
1. ABC, daar begint het mee – versturen, deftig, vliegen, huren, de zee
2. Reizen en avonturen van mijnheer Prikkebeen – het kapellenland, voorheen, getrouw
3. Holland – de maat, het heelal, de tennisbal, meten, de millimeter

## 5 Het dagelijkse leven

### Auftakt (Beispiellösung)
de keuken:
de stoel, de eettafel, de lamp, het gordijn, het aanrecht, de plank, de kruk
de gang:
de lamp, de spiegel, de ladekast, de kapstok, de kruk
de woonkamer:
de stoel, de eettafel, de luie stoel, de bank, de lamp, het gordijn, de plank, de boekenkast
de slaapkamer:
de stoel, de klerenkast, de lamp, het gordijn, het bed, de ladekast, het nachtkastje, de kruk
de kinderkamer:
de stoel, de klerenkast, de lamp, het gordijn, het bed, de plank, de kruk, de boekenkast
de studeerkamer:
de stoel, de lamp, het gordijn, de plank, het bureau, de kruk, de boekenkast
de badkamer:
de lamp, de spiegel, het gordijn, de ladekast, de plank, de kruk
het balkon:
de stoel, de lamp, de kruk

### A1
1c | 2b | 3b | 4a

## Lösungen zum Lehrbuch

### A2
opstaan, het bed opmaken, douchen, zich aankleden, de krant lezen, de afwas doen, de fiets pakken, naar het werk gaan, vergaderen, aan projecten werken, een broodje eten, naar huis fietsen, boodschappen doen, het avondeten voorbereiden, eten, tv kijken, een boek lezen, een vriendin opbellen

### A5
's morgens:
zeven uur: opstaan, bed opmaken; na het douchen: zich aankleden, ontbijten, de krant lezen; daarna: de afwas doen; om een uur of acht: de fiets pakken, naar het werk gaan
's middags:
een broodje eten; tegen vijf uur: naar huis fietsen, boodschappen doen
's avonds:
thuis: het avondeten voorbereiden; na het eten: tv kijken, een boek lezen, een vriendin opbellen

### A6
Nou, ik heb me verslapen en ben pas om acht uur opgestaan.
Om een uur of negen ben ik naar mijn werk gefietst.
Met de lunch heb ik een tijdje met Annelies en Jos op een terrasje gezeten.
Tegen zes uur ben ik naar huis gegaan.
Daarna heb ik een beetje schoongemaakt.

### B2
voltooide deelwoorden op -t/-d:
opgemaakt, gedoucht, aangekleed, gefietst, gehad, afgemaakt, vergaderd, geaaid, schoongemaakt, afgestoft
voltooide deelwoorden op -en/-n:
gedaan, verslapen, opgestaan, gelezen, gezeten, begonnen, gegaan, gedronken

### B4
trennbare zusammengesetzte Verben:
opstaan, afmaken, zich aankleden
untrennbare zusammengesetzte Verben:
zich verslapen, beginnen, vergaderen

zwischen, Beispiel: opgestaan, weggelaten,
Beispiel: verslapen

### B5
1. geslapen
2. geantwoord
3. gekookt
4. gestudeerd
5. betekend
6. geluisterd
7. gekocht
8. verhuisd
9. gepoetst
10. afgesproken

### C1
1. het strijkijzer
2. de wasmachine
3. de waterkoker
4. de koelkast
5. de stofzuiger
6. de föhn
7. de mixer
8. de stereo
9. de broodrooster
10. de wekker

### C2
1. het fornuis
2. de vaatwasser
3. de televisie
4. het koffiezetapparaat

### C4
1. Mooi, hoor. / O, wat prachtig! / Ik vind … geweldig/fijn/prettig.
2. Ik vind … niet zo leuk.
3. Wil je iets drinken? / Heb je zin in …?

### C5
altijd, meestal, vaak, soms, af en toe, nooit

### Kamer te huur 1
1. woning 1, woning 2
2. woning 3
3. woning 1, woning 2
4. woning 2, woning 3

## 6 Binnen en buiten

### Auftakt
obere Reihe:
5 – de tentoonstelling
3 – de dierentuin
4 – tuinieren
untere Reihe:
2 – de bioscoop
6 – uit eten
1 – de wielerwedstrijd

### A1
1. goed
2. fout
3. goed
4. goed
5. fout
6. fout
7. goed
8. fout
9. fout
10. goed
11. goed
12. goed

### A3
Valentijn:
tennissen, op de tennisclub, Merel, dinsdag

Roos:
wandelen, door heel België, de hele familie, in het weekend
Menno:
lezen, in bed, in zijn eentje, 's avonds
Willemijn:
kaarten, in het buurthuis, vriendinnen, elke woensdagavond

**B1** (Beispiellösung)
1. Ik ga voetballen.
2. Ik ga werken.
3. Ik ga zwemmen, boodschappen doen en schoonmaken.
4. Ik ga wandelen.

**B4** (Beispiellösung)
1. Zullen we naar het park gaan?
2. Zullen we een kopje koffie drinken?
3. Zullen we dan thuis blijven en tv kijken?

**B6**
1. Ze zijn aan het zingen.
2. Hij is aan het koken.
3. Ze is aan het fietsen.
4. Ze zijn aan het kaarten.

**B7**
het, -je, -pje, -etje, -kje, -tje

**C1**
obere Reihe: 3 | 2
untere Reihe: 6 | 1 | 4 | 5

**C2**
5 | 6 | 1 | 4 | 2 | 3

**C3** (Beispiellösung)
1. de meeuw, de zeehond, de vis, de kreeft
2. het konijn, de muis, het schaap, de geit, de koe
3. de eend, de vis, de kreeft
4. de olifant, de beer, de zeehond, de tijger, de vis, de giraf
5. het hert, het wild zwijn, de ree
6. de muis, de duif, de rat, de mus
7. het konijn, de muis, het schaap, het varken, de geit, de duif, de hond, de rat, de kat, de kip, de mus, de gans, de koe
8. het konijn, de muis, de cavia, de parkiet, de hond, de kat

**D1**
obere Reihe: 4g | 6c | 7b
mittlere Reihe: 8e | 9f | 2i
untere Reihe: 5d | 3a | 1h

# 7 Druk, druk, druk!

**Auftakt**
1. Curriculum vitae
2. persoonsgegevens
3. onderwijs en opleiding
4. werkervaring
5. andere activiteiten

**A2**
1. middelbare school, met een opleiding beginnen, een studie doen, afronding van de studie
2. financieel adviseur, ervaring opdoen, baliemedewerker, politieagent, kantoor, kredietafdeling, droombaan, overuren, vergaderen

**A3**
1. Iedere week beantwoordt één van de 29 raadsleden of iemand uit het college van burgemeester en wethouders de vragen in de rubriek *Rondje Raad*.
2. Dirk Lemmen is in 1980 lid van het CDA geworden.
3. Dirk Lemmen heeft economie in deeltijd gestudeerd.
4. Dirk Lemmen vindt zijn gezin ook nog erg belangrijk.

**A4**
1c | 2f | 3d | 4a | 5e | 6b

**B1**
1. de    3. het    5. het
2. De    4. De

**B4**
1. de koningin    3. de kapster
2. de actrice    4. de studente

## B6
dan
Beispielsatz: Dirk Lemmen heeft nu een leukere baan dan in Utrecht.
net zo … als, even … als
Beispielsatz: De vrouw van Dick Lemmen werkt net zo lang als hij.

## C1
4 | 3 | 2 | 1

## C2
Anneke: marketingmedewerkster, farmaceutisch bedrijf, vijftien jaar
Jetty: receptioniste, *Rabobank*, drie jaar
Maureen: secretaresse, gemeente, drie maanden
Robert: tuinman, tuinderij *Het grashalmpje*, twee jaar
Simone: dierenverzorgster, dierentuin, één jaar

## C4
1. kunstschilder
2. zanger
3. tekenaar
4. admiraal
5. presentatrice
6. architect
7. politica
8. schrijver
9. regisseur
10. voetballer

## D2 (Beispiellösung)
1. Ik heb van 1968 tot 1978 op school gezeten.
2. Ik heb op de Realschule Hoffmannallee in Kleve gezeten.
3. Daarna heb ik een opleiding tot secretaresse gevolgd.
4. Ik werk als secretaresse op een middelbare school in Bad Bentheim.
5. Ik werk zes uur per dag.
6. Ik heb verschillende taken, bijvoorbeeld brieven schrijven, ouders opbellen en afspraken maken.

# 8 Op pad in de stad

### Auftakt
obere Reihe:
2 – het winkelcentrum
5 – de fontein
3 – het park

untere Reihe:
1 – het centraal station
4 – het postkantoor
6 – het stadhuis

## A1
obere Reihe: 5, 9, 1
mittlere Reihe: 4, 7, 3
untere Reihe: 2, 8, 6

## A2 + A6
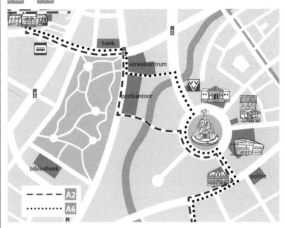

## A3
1. Mevrouw Kleemans kan de Vechtstraat niet vinden. Ze is verdwaald.
2. Mevrouw Kleemans vraagt een man op straat om hulp.
3. Uiteindelijk helpt een medewerker van de VVV mevrouw Kleemans.

## A5
1. Ik ben verdwaald.
2. Kunt u me even helpen?
3. Kan ik u helpen?
4. Weet u misschien waar … is? / Kunt u me zeggen hoe ik bij … kom?

## B3
<u>Kunt</u> u me even <u>helpen</u>?
<u>Kunt</u> u me <u>zeggen</u> waar ik een plattegrond <u>kan kopen</u>?
<u>Zal</u> ik u <u>zeggen</u> waar de VVV is?
U <u>moet</u> hier rechtdoor <u>gaan</u>.
<u>Kan</u> ik u <u>helpen</u>?
<u>Kunt</u> u me <u>zeggen</u> hoe ik bij de Vechtstraat kom?
U <u>moet</u> rechts om het plein <u>lopen</u>.
U <u>kunt</u> het eigenlijk niet <u>missen</u>.
<u>Kan</u> ik deze plattegrond <u>kopen</u>?
Hij is gratis, die <u>kunt</u> u zo <u>meenemen</u>.

Besonderheiten: ☞ Grammatik 4.9, LB S. 215

### B5
1. Hier moet je rechts afslaan.
2. Hier kan je parkeren.
3. Hier mag je maximaal 30 km/u rijden.
4. Hier moet je voorrang verlenen.

### C1
1. metro, tram, bus, IC (trein), stadsbus
2. tram 1, richting Noorderstrand
3. Neude
4. metro 54, richting Gein

### C2
de motorfiets, de brommer/bromfiets, de fiets, de kano, de boot, de kinderwagen, het bestelbusje, de auto, de vrachtwagen, de pont, het veer, het schip, het vrachtschip, het vliegtuig

### C3
1. opschieten
2. de bus missen
3. op de bus wachten
4. instappen
5. overstappen
6. uitstappen

### C4 (Beispiellösung)
Jaap moet opschieten. Hij wil met de bus naar zijn vriendin. Hij rent naar de halte, maar mist de bus. De volgende bus komt pas over 30 minuten. Hij gaat zitten en wacht op de bus. Helaas heeft hij geen boek of krant bij zich. Hij kan zijn vriendin ook niet bellen. Hij heeft zijn mobieltje vergeten. Na 30 minuten komt eindelijk de bus. In Utrecht moet Jaap overstappen. Als hij eindelijk bij zijn vriendin aankomt, staat ze al meer dan 30 minuten bij de bushalte. Hij stapt snel uit en geeft haar een kusje.

### C5
1ac | 2c | 3abc | 4ab | 5c

### D1
1c | 2f | 3i | 4a | 5e | 6b | 7h | 8d | 9g

## Tussenstop 2

### 1
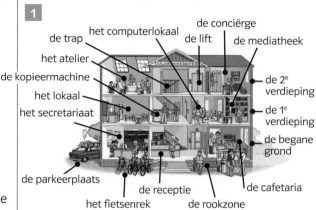

### 5 (Beispiellösung)
Margootje is een kleine vrouw. Ze woont in de kleinste stad van Nederland, in Madurodam. Ze rijdt in een kleine auto en is verliefd op een man uit de grote wereld. Ze gaat bij hem op bezoek. Hij is er niet blij mee, omdat ze erg aanhalig is en steeds weer terugkomt.

het beschuitje, het autootje, het Peugeootje, het theekopje, het portiertje, het vrouwtje, het figuurtje, het vuurtje, het plaatsje, het broodje, het vriendinnetje, het kinnetje, het gebouwtje, het pettycoatje, het laatje, het behaatje, het idiootje, het kapje, het begijntje, het trommeltje, het hoekje, het gaatje, het Bardootje

### 7
rode kaarten:
Hoeveel mensen spreken Nederlands als moedertaal? – 23 miljoen
Hoeveel inwoners heeft Nederland? – 16 miljoen
Wanneer is het pakjesavond? – 5 december
Wie komt er met Sinterklaas op de stoomboot uit Spanje? – de Zwarte Pieten
Wat betekent de afkorting g/w/e? – gas/water/elektriciteit
Wat betekent de afkorting AFAC? – Algemene Fiets Afhandel Centrale
Wat betekent de afkorting VVV? – Vereniging voor Vreemdelingenverkeer
Wat betekent de afkorting CS? – Centraal Station
Wat heb je nodig om met de tram, metro, trein of bus te gaan? – de OV-chipkaart

Waar verkoopt men ieder jaar meer dan twaalf miljard snijbloemen? – de bloemenveiling in Aalsmeer
Hoeveel fietsen zijn er in Nederland per inwoner? – 1,11
Hoe heet het staatshoofd van Nederland – koningin Beatrix
Wat is het Groene Boekje? – de Nederlandse woordenlijst
Hoe vaak kus je iemand als je hem/haar begroet? – drie keer
Hoeveel koeien zijn er in Nederland? – 1,5 miljoen
blauwe kaarten:
Vul aan: Ik … begonnen Nederlands te leren. – ben
Vul aan: Ik spreek net zo goed Nederlands … jullie. – als
Vul aan: Ik heb een huis … (*gekauft*). – gekocht

### 8
1. uitzendbureau Zwolle, Ellen van der Meij
2. docent Duits
3. uitzendbureau Rotterdam, Eric Kemna & Kirsten Adriaanse
4. verzorgende

### 9 (Beispiellösung)
1. Zullen we morgen om 9.30 uur vergaderen?
2. Helaas kan ik volgende week niet naar de les komen. Het spijt me.
3. Kan je me zeggen hoe ik een gezellig café in de binnenstad kan vinden?
4. Je neemt tram 1 richting centrum. Bij het Binnenhof stap je uit. Je steekt de straat over en je komt op een groot plein. Aan de rechterkant van het plein zie je een gezellig café.

## 9 Een kaartje uit Bali

### Auftakt
De afzenders zijn op Bali. Ze hebben het Heilige Apenwoud bezocht, een aantal bezienswaardigheden bekeken en enorm veel foto's gemaakt.

### A1
1. Kaapstad
2. Paramaribo
3. Jakarta
4. New York
5. Wenen

### A2
1. 42nd Street
2. negen miljoen
3. in het Tuynhuis
4. achter het operagebouw
5. in het tropische regenwoud

### B2
1. maakten
2. bestelden
3. duurde
4. kletsten
5. begon
6. sliepen
7. zagen
8. kwamen

### B4
1. zwom
2. wandelde
3. tennisten
4. kampeerden
5. bekeek
6. ontspanden ons
7. las
8. zonnebaadde
9. bezocht
10. speelden

### C3
1. Frankrijk
2. Nederland
3. Australië
4. België

### C5
1. Griekenland, de Griek, de Griekse, Grieks
2. Suriname, de Surinamer, de Surinaamse, Surinaams
3. India, de Indiër, de Indiase, Indiaas
4. België, de Belg, de Belgische, Belgisch
5. Rusland, de Rus, de Russische, Russisch
6. Marokko, de Marokkaan, de Marokkaanse, Marokkaans

### C6
Theo en Erica:
Duitsland, Sylt, in augustus, geen
Esther:
België, Gent, een paar dagen, Sint Bataafskathedraal, kerken, middeleeuwse binnenstad
Guus:
Canada, Montréal/rondreis, eerste drie weken van september, ongerepte natuur

### C7 (Beispiellösung)
landen waar je met de euro kunt betalen:
Duitsland, Nederland, België, …
landen in Zuid-Europa:
Italië, Spanje, Griekenland, …

inwoners van Europese landen:
de Deen, de Fransman, de Oostenrijkse, ...
landen waar je op vakantie bent geweest:
Zwitserland, Groot-Brittannië, Kroatië, ...

**D1**
1. de tent
2. het pension
3. de boot
4. het hotel
5. het vakantiehuis
6. de caravan

**D2** (Beispiellösung)
1. Ik ben in juni voor het laatst op vakantie geweest.
2. Ik was in Barcelona.
3. Ik was met mijn man en mijn kinderen op vakantie.
4. We logeerden in een klein hotel in het centrum.
5. We hebben de Sagrada Família en het Park Güell gezien.
6. We hebben tapas gegeten, foto's gemaakt, kaartjes geschreven en rondgelopen.

**D4**
aanhef: Dag, Beste, Lieve, Hoi, Hallo
slotformule: Groet, Groeten, Groetjes, Liefs

## 10 Lekker eten

**Auftakt**
de groenteboer:
de komkommers, de tomaten, de bananen,
de appels, de aardappels, de druiven, de spinazie,
de courgettes, de kool, de peren, de sla,
de wortels, de paksoi, de uien
de melkboer:
de kaas, de melk, de eieren, de boter, de yoghurt
de visboer:
de paling, de zalm, de haring
de slager:
de vleeswaren, de biefstuk, de kipfilet, het gehakt, de worst
de bakker:
het brood, het gebak, de broodjes, de cake

**A1**
1. groenteboer, visboer, melkboer
2. € 18,40, € 41,50, € 11,20

**A3**
de verkoper/verkoopster:
Zegt u het maar!
Anders nog iets?
Een kilo voor € 1,–.
Dat is dan € 18,40 bij elkaar.
Met 60 cent is 19 en 1 is 20.
Bedankt en een fijne dag verder.
Je vis is € 41,50 in totaal.
Wie is er aan de beurt?
Wat mag het zijn?
Mag het een beetje meer zijn?
de klant:
Ik wil graag twee kilo verse spinazie.
Zijn de aardappels in de aanbieding?
Wat kosten die?
Doet u maar vier kilo.
Dat was het.
Wat heb je vandaag in de aanbieding?
Geef maar tien stuks.
Wat krijg je van me?
Ik heb het ook nog gepast.
Graag een pond Parmezaanse kaas.

**A4**
1. fout
2. goed
3. fout
4. fout

**A5**
1d | 2h | 3e | 4a | 5i | 6f | 7c | 8b | 9g

**A6**
1. Goedemiddag, u spreekt met ... / Goedemiddag, met ...
2. Ik wil graag een tafel reserveren.
3. Tot ziens. / Dag.

**B1**
1d | 2e | 3c | 4b | 5a

**B3**
1. die, man
2. dat, vlees
3. wat, niets
4. van wie, vriendin
5. waarover, restaurant

## B5

Verwarm de oven op 200 °C voor. Was de tomaten en snijd de kapjes af. Hol de tomaten met een theelepel uit. Pers de knoflook uit en schep hem door de kaas. Klop de eieren los en meng ze met de kaas. Voeg naar smaak zout, peper en vers basilicum toe. Vul de tomaten met dit mengsel. Vet de ovenschaal met boter in en zet de tomaten erin. Bak het gerecht 20 minuten. Zet de tomaten op borden en garneer ze met basilicumblaadjes.

## C1

linke Spalte von oben nach unten: 5, 6, 2, 4
rechte Spalte von oben nach unten: 1, 7, 8, 3

## C2

aardappels, boerenkool, zout, rookworst, boter, melk of room, mosterd, peper

## C3

in een pak:
de suiker, de thee, de pasta, de muesli, het sap, de rijst, de koekjes, de beschuit, de koffie, de vla, de hagelslag, de ontbijtkoek
in een fles:
de limonade, de wijn, de olie, het sap, de azijn, het bier, de ketchup, de jenever
in een potje:
de pindakaas, de chocopasta, de honing, de jam, de mosterd
in een zakje:
de drop

## D1

## D2 (Beispiellösung)

1. Flensjes met vanillecrème ken ik niet.
2. Ja, er zijn visgerechten en een vegetarisch gerecht.
3. Ik vind de gestoomde zeetong met citroen en tomaat lekker.
4. De mosterdsoep eet ik liever niet.
5. Ik bestel het driegangenmenu met voorgerecht en een glaasje wijn.

## D3

1. Goedenavond. Alstublieft, …
2. Een glaasje sherry …
3. Proost! …
4. Als hoofdgerecht heb ik …
5. Als nagerecht heb ik …

# 11 Gefeliciteerd!

## Auftakt

Deze liedjes worden gezongen als iemand jarig is.

## A1

1. zijn 35$^e$ verjaardag
2. op zaterdag 1 december vanaf 18.30 uur
3. hem op 06 324 423 33 bellen en het hem laten weten

## A2

1c | 2e | 3a | 4b | 5d

## A3

1c | 2a | 3c | 4b

## B1 + B2

_____ = hoofdzin, ....... = bijzin

1. <u>Sonja geeft Richard voor zijn verjaardag een cadeaubon.</u> / <u>Sonja geeft Richard een cadeaubon voor zijn verjaardag.</u>
2. <u>Sonja heeft een uitnodiging van Richard gekregen.</u> / <u>Sonja heeft van Richard een uitnodiging gekregen.</u>
3. <u>Sonja wist niet</u> wat strandzeilen is.
4. <u>Annemarie weet</u> dat Sonja een uitnodiging heeft gekregen. / <u>Annemarie weet</u> dat Sonja een uitnodiging gekregen heeft.

**B6** *Hauptsatz*

___ = hoofdzin, ....... = bijzin *Nebensatz*

▶ Wat wil je voor je verjaardag?
▷ Ik wil graag nieuwe inlineskates voor mijn verjaardag want mijn oude inlineskates zijn kapot.

▶ Waarom wil je nieuwe inlineskates voor je verjaardag?
▷ Ik wil graag nieuwe inlineskates voor mijn verjaardag omdat mijn oude inlineskates kapot zijn.

▶ Maar waarom wil je nooit een boek voor je verjaardag?
▷ Omdat ik niet graag lees, vraag ik nooit een boek voor mijn verjaardag.

Hauptsatz, denn, Nebensatz, weil

**B7**
3, 2, 1, 4

**C1** + **C2**
1. de verjaardag
2. Koninginnedag, 30 april
3. Kerstmis, 25 en 26 december
4. sinterklaasavond, 5 december
5. Valentijnsdag, 14 februari
6. carnaval
7. Pasen
8. Bevrijdingsdag, 5 mei
9. de diploma-uitreiking
10. Prinsjesdag
11. oud en nieuw, 31 december en 1 januari
12. de geboorte

**C3**
1d | 2a | 3c | 4e | 5b

**C4**
Tim:
oud en nieuw, 31 december en 1 januari, oude schoolvrienden, Gelukkig Nieuwjaar!, –
Hans en Gea:
zilveren bruiloft, 28 oktober, familie, vrienden, kennissen, Goede reis en veel plezier!, tweede huwelijksreis naar Parijs

Patricia en Paul:
Kerstmis, 25 en 26 december, –, Prettige kerstdagen!, een zakje Mozartkugeln en een Sissi-dvd-box

**C5** (Beispiellösung)
een tas, nieuwe schaatsen, het nieuwe boek van Kluun

## 12 Hoofd, schouders, knie en teen

**Auftakt**
1. netjes     3. hip       5. informeel
2. sportief   4. elegant   6. slobberig

**A3** (Beispiellösung)
1. een bikini / een badpak / een zwembroek
2. een jurk / een rok en een blouse / een pak
3. een uniform / een overall / een schort / een mantelpak / een pak
4. een rok / een spijkerbroek / een jurk
5. een pyjama / een negligé / een nachthemd

**A4**
2, 4, 1, 3

**A6**
de verkoper/verkoopster:
Dat kan, maar we geven geen geld terug. Je krijgt een tegoedbon.
Je kan natuurlijk ook een andere maat proberen.
Maat 38 heb ik hier.
Goedemiddag. Kan ik u helpen?
Welke maat hebt u?
Wat vindt u van deze jurk met stippen?
Hij staat u vast heel erg goed.
Die hangt hier.
U kunt natuurlijk ook maat 44 even passen.
Die vindt u op de derde verdieping.
de klant:
Waar zijn de paskamers?
Hij zit niet goed.
Zou ik hem kunnen ruilen?
Heb je hem misschien nog een maatje kleiner?
Zou ik hem nog even kunnen passen?
Ik ben op zoek naar een jurk.
Hebt u deze ook in het rood?

Hij ziet er wel erg klein uit. Zou ik daar wel in kunnen?
Goedenavond. Ik zoek herenkleding.
Ik zoek een blauw geruit overhemd.
De mouwen zijn te kort.
Hebt u nog andere blauw geruite overhemden?

### A7
1. te lang
2. te kort
3. te krap
4. te wijd

### B1
1. Ik <u>zou</u> toch een maatje groter <u>nemen</u>. – Ich <u>würde</u> doch eine Größe größer <u>nehmen</u>.
2. <u>Zou</u> ik hem <u>kunnen</u> <u>ruilen</u>? – <u>Könnte</u> ich ihn <u>umtauschen</u>?
3. <u>Zou</u> maat 40 niet te klein <u>zijn</u>? – <u>Ist</u> Größe 40 nicht vielleicht zu klein.
4. Ik <u>zou</u> maat 43 <u>kunnen</u> <u>proberen</u>. – Ich <u>könnte</u> Größe 43 <u>probieren</u>.

*Zou(den) + infinitief* wird verwendet, wenn im Deutschen der Konjunktiv verwendet oder Unsicherheit (wie in Satz 3) ausgedrückt wird.

### B3 (Beispiellösung)
1. Ik zou heel graag een leuke baan willen hebben.
2. Ik zou heel graag een keer met haar willen praten.
3. Ik zou heel graag meer geld willen hebben.

### C1 (Beispiellösung)
1. de mond: spreken, eten, …
2. het oog: kijken, zien, …
3. het oor: luisteren, horen, …
4. de neus: ruiken, ademen, …
5. de hand: voelen, aanraken, …
6. de voet: staan, lopen, …

### C2
1. de benen
2. de rug
3. de vingers
4. de armen
5. het hoofd
6. het gezicht
7. de buik
8. de hals

### C3
1e | 2i | 3c | 4g | 5a | 6j | 7f | 8d | 9h | 10b | 11k

### C4
1b | 2c | 3c | 4a

### 3
1. tenniselleboog, muisarm
2. hoofdpijn, vermoeide ogen, gespannen of stijf gevoel
3. goed naar je lichaam luisteren, een deskundige raadplegen

### D2 (Beispiellösung)
1. Ik beweeg gemiddeld 20 minuten per dag.
2. Ik fiets naar mijn werk.
3. Op mijn werk zit ik alleen.
4. Ik sport twee keer twee uur per week.
5. Ik denk dat ik wat meer zou kunnen bewegen.

## Tussenstop 3

### 3
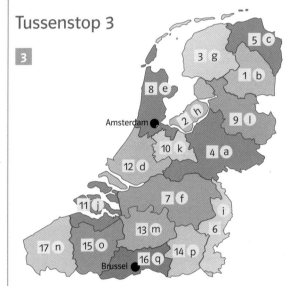

### 4

## 5
1. Veel groente, fruit en brood
2. Niet te veel & Beweeg
3. Gevarieerd
4. Veilig
5. Minder verzadigd vet

## 6
1. chronische ziekten, hart- en vaatziekten, diabetes, kanker, bacteriën, besmetting, voedselinfectie of -vergiftiging
2. vezelrijke voedingsmiddelen, verzadigd vet, vitamine A, D en E, onverzadigde vetten, visvetzuren
3. groente, fruit, brood, zout, alcohol, halvarine, plantaardige oliën, vloeibaar bak- en braadvet, vis
4. calorieën, lichaamsgewicht, hoog, bewegen

## 9
Monique: een kopje soep, een volkorenbol met huzarensalade
Diane: komkommers en worteltjes
Wim: friet en kroket

# 13 Met hart en ziel

### A2
type A: verlegen, gereserveerd, saai, rustig, tactvol, attent, kalm
type B: gevoelig, romantisch, loyaal, betrouwbaar, hulpvaardig
type C: opgewekt, charmant, aardig, grappig, avontuurlijk, spontaan
type D: efficiënt, perfectionistisch, geduldig, direct, dominant

### A5
Eerst praten ze over de nieuwe liefde van Monika. Daarna praten ze over de problemen die Paulien met één van haar collega's heeft.

### A6
1. fout    3. goed    5. fout
2. goed    4. fout    6. goed

### B1
1. goed    5. liever    9. gevoelig
2. sterker    6. mooi    10. minder
3. lekkerder    7. opgewekter
4. jong    8. veel

### B2
leukste, gewoonste, meest, luiste
Der Superlativ endet auf -st(e).

### C1
1. verbaasd zijn    5. verdrietig zijn
2. beledigd zijn    6. wanhopig zijn
3. melig zijn    7. sceptisch zijn
4. woedend zijn    8. blij zijn

### C2
1. zenuwachtig zijn    6. een slechte bui hebben
2. van iets walgen    7. geïrriteerd zijn
3. tevreden zijn    8. eenzaam zijn
4. uitgerust zijn    9. uitgeput zijn
5. bang zijn    10. trots zijn

### C4 (Beispiellösung)
1. Over relaties tussen mannen en vrouwen.
2. Als je relatieproblemen hebt.
3. vaak ruzie over het huishouden of geld, jaloezie, …

### C5
Katje: ruzie met haar man over het huishouden
Michiel: jaloezie
Roos: vreemdgaan
Arno: ruzie over alles en nog wat, niet met elkaar praten

### D1
1. Nederlands, sms-taal
2. liefde, een afspraak

### D2
Dag schatje! Alles goed? Met mij wel. Ik denk de hele dag aan je. Ik mis je en ben gek op je. Waar spreken we af? Zeven uur vanavond bij mij thuis of bij jou thuis? Ik houd van jou! Tot vanavond! Veel liefs en kusjes.

## 14 Vers van de pers

**Auftakt**
Matthijs solliciteert naar een baan als software-ontwikkelaar.

**A1**
Ja, Matthijs heeft alle adviezen opgevolgd.

**A2**
foto's 1, 3 en 4

**A3**
1. iemand van het bedrijf waar Matthijs heeft gesolliciteerd, misschien meneer Douma
2. een aangenaam sollicitatiegesprek, Matthijs krijgt de baan
3. oude baan opzeggen, arbeidsvoorwaardengesprek met nieuwe werkgever
4. naar Maastricht verhuizen en samenwonen

**A5**
1. arbeidsvoorwaardengesprek
2. opzeggen
3. telefoontje
4. contract
5. fte

**A6**
1c | 2e | 3f | 4b | 5a | 6d

**B1**
1. de o.t.t. (het presens), Beispielsatz: Nou, volgende week woensdag heb ik een afspraak voor een arbeidsvoorwaardengesprek.
2. *gaan* + infinitief, Beispielsatz: Dan ga ik morgen meteen mijn baan opzeggen.

**B2**
zullen, Infinitiv

**B4**
1. ga, doen / doe, –
2. zal, invullen
3. ga, ophalen / haal, op

**C1**
1. de krant
2. het tijdschrift
3. de radio
4. de tv
5. het internet

**C3**
Het radioprogramma gaat over de fascinatie met de vriendensite Hyves.

**C4**
1d | 2f | 3h | 4a | 5b | 6e | 7c | 8i | 9g

**C5**
1. vrienden, familie, collega's, oude klasgenoten, studiegenoten
2. vriendensite, profielensite, social networking site, interactief smoelenboek
3. een profiel aanmaken, mensen uitnodigen en aan je persoonlijke pagina toevoegen, met je vrienden chatten, krabbels en tikken aan vrienden sturen

**C6**
☛ Transkription LB, S. 201

**D1**
6, 1, 4, 7, 12, 3, 10, 11, 13, 9, 8, 2, 5

**D2** (Beispiellösung)
1. Hij zal morgen zeker ziek zijn.
2. Hij zal vast uitglijden.
3. Ze zal wakker worden en opstaan.
4. Ze zullen zeker gaan trouwen.

## 15 Hand in Hand

**Auftakt**
1. de geboorteakte
2. het rijbewijs
3. het paspoort
4. het huurcontract
5. de zorgpas
6. het burgerservicenummer

1, 3, 4

**A1**
1c | 2e | 3b | 4d | 5a

## A2 (Beispiellösung)

de ambtenaar:
Waar komt u vandaan?
Wat is uw nieuwe adres?
Wat is uw geboortedatum?
Mag ik uw paspoort even zien?
jij:
Ik wil me laten inschrijven. Wat moet ik doen?
Welke documenten heb ik nodig?

## A4
1. goed
2. fout
3. fout
4. goed
5. fout
6. fout

## A5
1. Hij heeft zijn huurcontract vergeten.
2. Hij zegt: "Kunt u niet voor één keertje een uitzondering maken?"
3. Hij zegt dat hij dan weer eindeloos naar een parkeerplaats moet zoeken, weer parkeergeld moet betalen en nog eens zo lang moet wachten.
4. Hij heeft waarschijnlijk een ziektekostenverzekering en een arbeidscontract nodig.

## B1
1. Satzanfang, Beispiel: De kunstenaar …
2. Eigennamen, Abkürzungen von Eigennamen, Beispiel: Johan van der Dong, NOS
3. geographische Bezeichnungen, Beispiel: Groningen
4. Gottheiten, Beispiel: God

## B2
1. het uitroepteken
2. de komma
3. het vraagteken
4. de dubbele punt
5. de aanhalingstekens
6. de punt

## B3
1. Waar bent u geboren, mevrouw?
2. NMI is de afkorting voor het Nederlands Migratie Instituut.
3. Er zijn veel verschillende redenen om een vaderland te ontvluchten: hongersnood, oorlog en/of vervolging vanwege godsdienst, politieke overtuiging, etnische afkomst of nationaliteit.
4. Hoewel Mireille al tien jaar bij het vluchtelingenwerk werkt, vindt ze het nog steeds moeilijk om naar de tragische verhalen van de vluchtelingen te luisteren.
5. Wat fijn je weer te zien!
6. Na meer dan 40 jaar in Nederland te hebben gewoond, wil Ramdien weer terug naar Suriname: "Ik heb het in Nederland heel goed gehad, maar nu wil ik toch weer teruggaan naar mijn geboorteland."
7. Sinds vijf jaar woon ik in Nederland.
8. Zaterdag a.s. haalt Yildiz zijn familie af op Schiphol.

## C1
In artikel 1 van de Nederlandse grondwet staat dat alle mensen in Nederland gelijk behandeld moeten worden en dat discriminatie niet toegestaan is.

## C2
de godsdienst:
het christendom, de islam, het hindoeïsme, het jodendom, het boeddhisme
persoon met een bepaalde levensovertuiging:
de humanist, de pacifist, de agnosticus, de atheïst
persoon met een bepaalde politieke gezindheid:
de monarchist, de anarchist, de rechts-radicaal, de communist, de liberaal
geslacht:
mannelijk, vrouwelijk

## C4
1. de moskee, de moslim
2. de synagoge, de jood
3. de tempel, de hindoe
4. de kerk, de christen
5. de tempel, de boeddhist

## D1
De posters hebben als gemeenschappelijk onderwerp discriminatie en sociale problemen.

## D3 (Beispiellösung)
1. Een moslima in een boerkini werd het zwembad uitgestuurd.
2. Een boerkini is een badpak voor moslima's.
3. Ze vinden het aanstootgevend omdat ze het niet gewend zijn.

4. Ik zou het niet erg hebben gevonden.
5. Ik denk dat zoiets ook in mijn stad zou kunnen gebeuren.
6. Ik zou proberen met de andere badgasten erover te praten.

## 16 Kunstzinnig of kunstmatig?

### A1
1. een stadswandeling
2. over Amsterdam
3. moderne gebouwen in het oostelijk havengebied

### A2
2, 3, 4, 6, 7, 9

### A3
1. tien etages, verschillende theaterzalen, expositieruimtes, enkele musea, vergaderruimten, dakterras, open karakter, grote ramen, hoge plafonds
2. betonnen doos, staat aan drie zijden in het water van het IJ, grote glazen voorgevel, dak steekt aan de ene kant heel ver uit
3. futuristisch gebouw, lijkt op een enorme glazen golf
4. Jan Schaeferbrug loopt dwars door het pakhuis heen
5. zien er allemaal anders uit, huizen langs de kade zijn 27 meter breed, huizen langs de grachtjes zijn vierenhalf meter breed
6. twee witte overspanningen van elk 75 meter, IJtram rijdt erover heen

### A4
1. Kubuswoningen in Rotterdam
5. Hoftoren, Castalia en Zurichtoren in Den Haag
8. Kasteel Leliënhuyze in Den Bosch

### B2
1. 't sexy fokschaap
2. Het geeft aan na welke letters van de stam van het werkwoord het voltooid deelwoord en de o.v.t. (het imperfectum) de uitgang -t krijgen.

### B3
1. besloten
2. maken
3. geopend
4. ondergebracht
5. bouwen
6. ontworpen

### B4
zin 1: *De architect* is belangrijk.
zin 2: *Het nieuwe gebouw* is belangrijk.

### B6
1. presens – presens van *worden* + voltooid deelwoord
2. perfectum – presens van *zijn* + voltooid deelwoord
3. imperfectum – imperfectum van *worden* + voltooid deelwoord
4. futurum – futurum van *worden* + voltooid deelwoord

### B7
De directeur opent het nieuwe gebouw. – Der Direktor eröffnet das neue Gebäude.
Het nieuwe gebouw wordt (door de directeur) geopend. – Das neue Gebäude wird (vom Direktor) eröffnet.
De directeur heeft het nieuwe gebouw geopend. – Der Direktor hat das neue Gebäude eröffnet.
Het nieuwe gebouw is (door de directeur) geopend. – Das neue Gebäude ist (vom Direktor) eröffnet worden.
De directeur opende het nieuwe gebouw. – Der Direktor eröffnete das neue Gebäude.
Het nieuwe gebouw werd (door de directeur) geopend. – Das neue Gebäude wurde (vom Direktor) eröffnet.
De directeur zal het nieuwe gebouw openen. – Der Direktor wird das neue Gebäude eröffnen.
Het nieuwe gebouw zal (door de directeur) worden geopend. – Das neue Gebäude wird (vom Direktor) eröffnet werden.
In de v.t.t. (het perfectum) is er geen equivalent van het Duitse *worden*.

### C2
(Beispiellösung)
1. Er zijn meer dan 100 Nederlandse en Vlaamse spreekwoorden en gezegdes op het schilderij afgebeeld.
2. Die großen Fische fressen die kleinen.

## C3 + C4

1. aan het langste/kortste eind trekken: winnen/verliezen, am kürzeren Ende ziehen
2. met het hoofd tegen de muur lopen: niet kunnen bereiken wat je wil, mit dem Kopf gegen die Wand rennen
3. op hete kolen zitten: ongeduldig wachten, auf heißen Kohlen sitzen
4. een oogje in het zeil houden: goed op iets letten
5. achter het net vissen: te laat zijn
6. door de mand vallen: betrapt worden

## C6

1. kunstuitleen, kunstwerk, kunstenaar
2. schilderij, grafiek, tekening, foto, bronzen en keramische objecten, glazen vazen en schalen
3. figuratief, abstract, expressief, ingetogen

## Tussenstop 4

### 1

1. het beeldscherm
2. het toetsenbord
3. de geheugenstick
4. de luidspreker
5. de muis
6. de scanner
7. de headset
8. de printer
9. de toets
10. de cd/dvd-rom
11. de drive
12. de webcam

### 2

1i | 2f | 3c | 4e | 5k | 6a | 7h | 8n | 9j | 10d | 11l | 12m | 13b | 14g

### 9 (Beispiellösung)

Het gedicht gaat over het einde van de dag.

### 10 (Beispiellösung)

1. groot dier waarop je kan zitten
2. je hand heen en weer bewegen om iemand te groeten
3. iemand die in de trein de kaartjes controleert
4. iets minder maken
5. hoge weg waar een trein op rijdt
6. heel hard rijden
7. grijs dier dat op een paard lijkt, maar kleiner is
8. zich ergens naartoe rekken
9. iemand die een trein bestuurt
10. boven vastgemaakt zijn

### 11

het paard, zwaaien, minderen, leunen, de machinist

### 12

1. doven, uitschakelen, uittrekken
2. de persoon, het individu, het schepsel, het mannetje
3. rusten, pitten, snurken
4. brullen, hard zeggen, schreeuwen
5. het beest, het schepsel

# Lösungen zum Arbeitsbuch

## 1 De aankomst in Nederland

**1**
1. Hoi!, Hallo!, Dag!, Goedemorgen!
2. Hoi!, Hallo!, Dag!, Goedemiddag!
3. Hoi!, Hallo!, Dag!, Goedenavond!
4. Hoi!, Hallo!, Goedenavond!, Slaap lekker!, Welterusten!

**2**
1b | 2c | 3a | 4a | 5b

**3**
1. Waar kom je vandaan?
2. Ik woon in Helmond.
3. Kom, we gaan naar huis.
4. Welkom in Nederland!
5. Hé lieverd!

**4**
1. Waar
2. Hoe
3. Waar, vandaan
4. Wie

**5** (Beispiellösung)
1. Hoe heet u?
2. Waar komt u vandaan? / Waar kom je vandaan?
3. Bent u Pieter Visser?
4. Kunt u dat even spellen?
5. Wie bent u?
6. Waar woont u? / Waar woon je?

**6**
1. Ze
2. Ze
3. je
4. Hij
5. u
6. Ik
7. jij
8. Ze
9. jullie
10. We

**7**
ik: zit, woon, heet, neem
u: zit, kent, heet, werkt
hij: zit, kent, heet, werkt
jullie: nemen, zitten, wonen

**8**
1. ze woont
2. jullie werken
3. ik ken
4. je heet
5. we gaan
6. hij zit
7. ze komen
8. jullie wonen
9. we zitten

**9**
1. ben, heet
2. woon, woon
3. Kent, komt
4. werken, werken

**10**
1. is
2. gaan
3. komt
4. ben, ben
5. komt
6. ben, ga

**11**
1. woont
2. ben
3. leert
4. werken
5. komt
6. neemt

**12**
1. Hij is heel moe.
2. Kom, we gaan naar huis.
3. Leuk je te leren kennen.
4. Nora zit in de trein tegenover Elise.
5. Wat spreek je goed Nederlands!
6. Hartelijk welkom in Vlaanderen!

**13**
▶ Hallo!
▷ Dag! Ik ben Thomas. En wie ben jij?
▶ Ik ben Esther.
▷ Leuk je te leren kennen.
▶ Waar kom je vandaan?
▷ Ik kom uit Hamburg. En jij?
▶ Ik kom uit Hattem. Dat is in de buurt van Zwolle.
▷ Leuk! Paula, een vriendin van mij, woont in Zwolle. En waar werk je?
▶ Ik werk in Leeuwarden.

**14**
1. Amersfoort
2. Scheveningen
3. Oegstgeest
4. Wageningen

**15**
1. trein
2. gaan
3. vakantie
4. werken
5. alfabet
6. achternaam

**16** (Beispiellösung)
▷ Hallo!
▷ Ik ben Martina.
▷ M-A-R-T-I-N-A.
▷ Ik kom uit Delmenhorst. Dat is in de buurt van Bremen.

▷ Ik woon in Berlijn.
▷ Dank je wel.

**17** (Beispiellösung)
Ik heet Tobias Schreiner. Ik kom uit Apolda, dat is in de buurt van Erfurt. Maar ik woon in Nederland, in Groningen.

### Bij wijze van spreken 2
1. Bekman
2. Aalders
3. Molenkamp
4. Dukker
5. Stege
6. Bruus
7. Classen
8. Koopman

### Bij wijze van spreken 3
1. Molenkamp, Koopman
2. Duker, Bruus
3. Alders, Classen
4. Bekman, Stegge
5. Beekman, Stege
6. Dukker, Brus
7. Mollenkamp, Kopman
8. Aalders, Clasen

### Bij wijze van spreken 4
1. de a̱ankomst
2. de fo̱to
3. de colle̱ga
4. de bu̱urt
5. de ba̱nk
6. het antwo̱ord
7. ik spre̱ek
8. de cu̱rsu̱s

## 2  De cursus Nederlands

**1**
1. gaat
2. verkouden
3. woord
4. prima
5. pagina
6. Hartstikke
7. betekent
8. mevrouw

**2**
1. hij luistert, we luisteren, ik luister
2. spreek je?, ze spreekt / spreken, jullie spreken
3. je antwoordt, ik antwoord, u antwoordt
4. we vragen, jullie vragen, hij vraagt

**3**
1. het boek
2. de stoel
3. de cursus
4. de poster
5. de map
6. het krijtje
7. de les
8. de tas
9. de pen
10. het bord
11. de cd
12. de tafel
13. de pagina
14. de foto
15. het etui

**4**
1. Kunt u dat alstublieft herhalen? / Kun je dat alsjeblieft herhalen? / Sorry, wat zegt u? / Sorry, wat zeg je?
2. Wat betekent dat?
3. Kunt u dat even op het bord schrijven? / Kun je dat even op het bord schrijven?
4. Wat is dat in het Duits? / Hoe heet dat in het Duits?
5. Dat begrijp ik niet.
6. Kunt u misschien wat langzamer spreken? / Kun je misschien wat langzamer spreken?

**5**
de: trein, baby, vakantie, auto, vriend, docent, bank
het: woord, alfabet, antwoord, raam

**6**
1. de foto's
2. de mensen
3. de collega's
4. de koffers
5. de pagina's
6. de plaatjes
7. de vriendinnen
8. de vragen
9. de namen
10. de cd-spelers

**7**
1. wonen, huizen
2. schrijft, brieven
3. leest, boeken
4. liggen, tassen

**8**
1. Ze ziet hem.
2. Ik praat met hen.
3. We nemen het.
4. Hij kent jullie.
5. Je ziet haar / hen.
6. Jullie praten met ons.
7. Ze kennen me.
8. Jullie nemen haar / ze.

**9**
1. 038 – 754 82 10
2. 1021 RJ
3. 06 – 128 776 43
4. 4270 SZ

**10**
1. twaalf
2. tweeëndertig
3. één
4. zevenenzestig
5. vijftien

**11**
1. Hoe gaat het met u?
2. Met mij gaat het uitstekend.
3. Hoe is het met je?
4. Het gaat wel.
5. Prima, en met jou?

# Lösungen zum Arbeitsbuch

### 12
1. Hoe
2. wat
3. Hoeveel
4. Waar, vandaan
5. Waar
6. Wie

### 13 (Beispiellösung)
1. Er zijn twee ramen.
2. Er is één tafel.
3. Er zijn vier stoelen.
4. Er is geen baby.

### 14 (Beispiellösung)
- Ik ben Marcel.
- Dank je wel. Hoe gaat het met jou?
- Niet zo goed. Ik ben ziek.
- Beterschap? Dit woord ken ik niet. Wat is dat in het Duits?
- O, dank je wel.
- Ja, op de volksuniversiteit.
- Mijn docent is meneer Van Rijn.

### 15
1. verkouden
2. Nederlands
3. wonen
4. de postcode
5. de auto

### 16
1. docent
2. telefoonnummer
3. voorletter
4. lokaal
5. huiswerk
6. miljoen
7. collega
8. woordenboek
9. grammatica
10. beterschap

### Bij wijze van spreken 1
1. de pennen
2. de straten
3. de woorden
4. de dagen
5. de plaatsen
6. de steden

### Bij wijze van spreken 2
1. kort
2. kort
3. lang
4. kort
5. kort
6. kort
7. lang
8. lang

## 3 Een afspraak in een café

### 1
1b | 2a | 3c | 4b | 5a

### 2
- Ik wil graag wat met je afspreken.
- Gezellig! Wanneer kan je?
- Ik kan op 3 december. Kan jij dan ook?
- Nee, ik kan niet op 3 december, maar op 4 december kan ik wel.
- Leuk. Op 4 december kan ik ook. We kunnen toch weer in het café in de Jordaan afspreken.
- Prima. Wat is het adres?
- Singel 56.
- En wat is je mobiele nummer? Als ik het niet kan vinden, sms ik je even.
- 06 – 345 556 66.
- Dank je wel. Tot vrijdag.
- Tot dan. Doei.

### 3
1. Ik heb zin in een kopje koffie.
2. Laat snel iets van je horen.
3. Doe de groeten aan Geert.
4. Dank je wel voor je mailtje.

### 4
een, het, een, de, het, het, de, een, het, het, het, de, de

### 5
1. zijn
2. onze
3. hun
4. haar
5. uw

### 6
1. in
2. Van, Van
3. met, uit/naar
4. bij
5. op
6. naar
7. aan
8. voor

### 7 (Beispiellösung)
aan-: aanvullen, aankruisen, aanspreken, …
af-: afvallen, afhouden, afwassen, …
be-: beantwoorden, bestaan, begrijpen, …
in-: invullen, innemen, ingrijpen, …
mee-: meevallen, meenemen, meespreken, …
ont-: onthouden, ontbijten, ontstaan, …
op-: opbellen, opnemen, opstaan, …
uit-: uitleggen, uitspreken, uitwassen, …

### 8
1. kan, kan
2. ben
3. heeft
4. Ga
5. komt
6. Wilt

### 9
1. Ze spreken af in een café.
2. Hij staat op zondag om negen uur op.
3. Ik vergeet altijd zijn naam.
4. In het weekend ruimen ze op.
5. Bel je me morgen op?
6. Hij schaamt zich.

### 10
1. Het is vijf voor tien.
2. Het is tien over vijf.
3. Het is vijf voor half één.
4. Het is kwart voor vier.
5. Het is drie over half vijf.
6. Het is half elf.

### 11
1. donderdag 1 juli
2. 4 maart
3. vrijdag 9 september
4. 28-10-1981
5. 7 februari / 8 februari
6. 23 mei

### 12
1. Op dinsdag 1 december.
2. Om twee uur 's middags.
3. Op zaterdag 5 december en zondag 6 december.
4. Om tien over half twee.
5. Ze heeft om elf uur een afspraak met meneer De Vos en om drie uur een afspraak met Katja.

### 13
1. de koffie verkeerd
2. de pannenkoek
3. de muntthee
4. het biertje
5. de portie kaas
6. de soep
7. de uitsmijter
8. de maaltijdsalade
9. de frisdrank
10. het sinaasappelsap

### 14
1c | 2e | 3d | 4a | 5b

### 15
(Beispiellösung)
D Mijn achternaam is Schneider.
D S-C-H-N-E-I-D-E-R.
D Mijn voornaam is Helga.
D Tannenweg 49 in Arnstadt.
D 10-4-1934.
D Natuurlijk. 10-4-1934.
D 03628 – 651 89.
D Ja, helga.schneider@t-online.de.

### 16
(Beispiellösung)
Mijn naam is Richard Schneider. Ik woon in Arnstadt, mijn adres is Tannenweg 18. Mijn telefoonnummer is 03628 – 651 89. Ik heb geen e-mailadres.

**Bij wijze van spreken 1**
1. vergeten
2. opbellen
3. afspreken
4. ontbijten
5. invullen
6. meespreken
7. begrijpen
8. uitleggen
9. aankruisen

## 4 Mijn familie en ik

### 1
1. Met, met
2. scheiden
3. in verwachting
4. getrouwd
5. haar, ogen

### 2
1. klein
2. knap
3. jong
4. oud
5. lang
6. dun

### 3
1c | 2d | 3e | 4b | 5a

### 4
gaat, woont, werkt, ziet, heten, zijn, zien, belt, op, spreekt, af, gaat

### 5
de … vrouw: leuke, oude, knappe, blonde
een … auto: leuke, oude, groene
het … kind: leuke, oude, knappe, blonde
een … boek: goed, nieuw, oud, dik

### 6
1. de lieve baby
2. koude koffie
3. een mooi huis
4. het zwarte etui
5. een grote zus

### 7
deze, die, Die, dit, dat

### 8
1e | 2c | 3a | 4d | 5b

## Lösungen zum Arbeitsbuch

### 9
1. Heidi komt uit Zwitserland. Haar opa woont er nog steeds.
2. Sebastian vertelt over zijn nieuwe auto. Hij vertelt erover.
3. Hoeveel ooms heb je? Ik heb er twee.
4. Er ligt een oud boek op tafel.
5. Hoeveel ramen zijn er in dit lokaal? Er zijn drie ramen in dit lokaal.

### 10
1. moeder
2. schoonvader
3. nicht
4. kleinzoon
5. neef
6. oma
7. schoonzus
8. nicht

### 11 (Beispiellösung)
1. best wel
2. helemaal niet
3. vrij
4. niet erg
5. heel erg
6. erg

### 12 (Beispiellösung)
rood: mijn map, de tomatensoep
blauw: mijn auto, mijn ogen
geel: de kaas, de maan
groen: het bord, mijn woordenboek
zwart: de koffie, de Pieten van Sinterklaas
oranje: het sinaasappelsap, mijn koffiekopje
wit: mijn pen, mijn fiets
bruin: mijn tas, mijn huis

### 13 (Beispiellösung)
▷ Nee, ik heb een kleine familie.
▷ Ik heb één zus. Ze heet Julia.
▷ Mijn moeder heet Monika en mijn vader heet Simon.
▷ Natuurlijk. Mijn moeder heet Monika en mijn vader heet Simon.
▷ Ik heb een partner. Hij heet Bertram.
▷ We hebben een dochter. Ze heet Maja.
▷ Ben jij eigenlijk getrouwd?

### 14 (Beispiellösung)
Ik heb een grote familie. Ik heb twee zussen en één broer. Mijn zus Fanny heeft twee kinderen. Ze is getrouwd met Michael. Mijn zus Claudia en haar partner Jonas hebben ook twee kinderen. Mijn broer Robert heeft geen kinderen, maar hij heeft een vriendin. Over drie maanden gaan ze trouwen. Ik heb een dochter, ze heet Britta.

### 15
1. blond
2. de nicht
3. benieuwd
4. de bril
5. slapen

### 16
1. gezin
2. winkel
3. bruiloft
4. schoonouders
5. zondag
6. monarchie
7. bitterbal
8. frisdrank
9. kleinzoon
10. adres
11. februari
12. sinterklaas

### Bij wijze van spreken 2
1. Nee, ik ben in mei jarig.
2. Nee, ik studeer aan een universiteit.
3. Nee, ik ga met de trein.
4. Nee, ik ga vrijdag naar huis.
5. Nee, hij is klein.

### Bij wijze van spreken 4
1. Wanneer komt ze terug?
2. Het café is gezellig.
3. Mag ik me even voorstellen?
4. Weet je hoe laat de les begint?
5. Eric heeft maar één cent.
6. Het krijtje is geel.

## Tussenstop 1

### 1
1. schrijfblok
2. laptop
3. bureau
4. lamp
5. agenda
6. schaar

### 2
1b | 2ac | 3b | 4ac | 5bc

### 3
1. ik, me, hij
2. jullie, ons, We, we, ons
3. je, Mijn

### 4
1. Elise en Katja zitten in een leuk café in Amsterdam.
2. Tante Lies heeft rood haar, bruine ogen en draagt een bril.
3. De trein vertrekt om veertien uur achtendertig.
4. Ik verheug me op een gezellige sinterklaas-avond.
5. De docent is blij met zijn cursisten.

### 5
1. de maan
2. het gedicht
3. de week
4. ziek
5. het uur
6. de zus
7. de voornaam
8. wit
9. de collega
10. Vlaanderen
11. weg
12. het antwoord

### 6
1. De voornaam van de voorzitter van de Wetenschapsraad Nederland is Ferdi.
2. Ik kan op donderdag naar de kapper.
3. Ik bel haar mobiele nummer: 06 – 876 775 11.
4. Ik ga zaterdag 2 november of zondag 3 november naar de vishandel.

### 7
1c | 2g | 3d | 4f | 5h | 6j | 7b | 8i | 9a | 10e

#### Op de proef gesteld 1 (Beispiellösung)
1. Waar woont u?
2. Met mij gaat het goed.
3. Willen jullie iets drinken?
4. Ik heb twee broers.
5. De les begint om negen uur.

#### Op de proef gesteld 2
1e | 2f | 3a | 4h | 5c | 6d | 7g | 8b

#### Op de proef gesteld 3
1. de auto – de auto's
2. de frisdrank – de frisdranken
3. het kindje – de kindjes
4. de dag – de dagen
5. het boek – de boeken
6. de moeder – de moeders

#### Op de proef gesteld 4
1. naar
2. op
3. uit
4. op
5. om
6. tot

## 5 Het dagelijkse leven

### 1
1. boekenkast
2. nachtkastje
3. lamp
4. gordijnen
5. bureau
6. spiegel
7. stoel
8. bank

### 2 (Beispiellösung)
1. Om zeven uur sta ik op.
2. Om tien over zeven maak ik mijn bed op.
3. Om kwart over zeven kleed ik me aan.
4. Om acht uur ga ik naar mijn werk.
5. Om tien uur vergader ik.
6. Om half twaalf lees ik de krant.
7. Om kwart over vier doe ik boodschappen.
8. Om acht uur doe ik de afwas.
9. Om half negen kijk ik tv.
10. Om kwart voor elf lees ik een boek.

### 3
1. woonkamer
2. ontbijten
3. balkon
4. kapstok
5. studeerkamer
6. avondeten

### 4
1. na
2. naar
3. naar
4. na
5. naar

### 5 (Beispiellösung)
Om een uur of tien sta ik op. Dan kleed ik me aan. Mijn bed maak ik vandaag niet op. Tegen half elf ontbijt ik met vrienden in een gezellig café. Na het ontbijt fiets ik naar mijn beste vriendin. Eerst drinken we samen een kopje koffie en daarna kijken we *Boer zoekt vrouw*. 's Avonds koken we samen en drinken een lekker glaasje wijn. Tenslotte fiets ik naar huis en ga naar bed.

### 6
*ge* + stam + *d*: gewoond, gebeld, gevraagd, geleerd, gestudeerd, gekend
*ge* + stam + *t*: gewerkt, gepoetst, gekookt, gemaakt, gefietst

### 7
1. heeft
2. ben
3. heeft
4. ben
5. heeft
6. is
7. heb
8. heeft

### 8
1. Is, bevallen
2. zijn, verhuisd
3. heeft, zich, verslapen
4. zijn, geweest
5. hebben, gepraat
6. heeft, afgemaakt
7. Heb, gedaan
8. heeft, gegeven

## 9
1. aangekleed
2. gebaad
3. heeft
4. gezeten
5. gezet
6. gereserveerd
7. geweest
8. Zijn

## 10
(Beispiellösung)
1. Ik ben om negen uur opgestaan en heb mijn tanden gepoetst.
2. In maart ben ik naar Duisburg verhuisd.
3. Gisteravond heb ik de krant gelezen.
4. Een half uur geleden ben ik naar de volksuniversiteit gegaan.

## 11
(Beispiellösung)
D Prima. En met jou?
D Ik ben om acht uur opgestaan.
D Daarna heb ik me aangekleed.
D 's Middags heb ik gewerkt.
D 's Avonds heb ik tv gekeken.
D Ja, graag.

## 12
1. Patricia ontbijt meestal met haar man.
2. Ze gaat vaak met de auto naar haar werk.
3. Soms fietst ze naar haar werk.
4. Ze loopt nooit naar haar werk.
5. Na haar werk doet ze altijd boodschappen.
6. Vaak kookt ze dan, maar af en toe kookt haar man.

## 13
het aanrecht, de lamp, het fornuis, de kast, het koffiezetapparaat, de vaatwasser

## 14
1. Welkom in ons nieuwe huis.
2. Heb je zin in een glaasje wijn?
3. Ik vind dat een beetje raar.
4. Wil je liever iets fris?
5. O, wat prachtig!

## 15
(Beispiellösung)
1. de bank, de luie stoel, de tafel, de tv, …
2. het bed, het nachtkastje, de klerenkast, de lamp, …
3. het aanrecht, het fornuis, de koelkast, de broodrooster, …
4. de kruk, de spiegel, de föhn, de wasmachine, …
5. de kapstok, de boekenkast, de telefoon, de ladekast, …

### Bij wijze van spreken 2
1. gr, groot
2. sch, waarschijnlijk
3. g, het gordijn
4. schr, schrijven
5. gr, graag
6. g, het gas
7. sch, de boodschappen
8. sch, het fokschaap

# 6 Binnen en buiten

## 2
1b | 2a | 3c | 4b | 5b | 6c

## 3
1. In mijn vrije tijd … ik. / Mijn hobby's zijn …
2. Ik … graag. / Ik vind … leuk. / Ik houd van …
3. Ik … niet graag. / Ik vind … niet leuk. / Ik houd niet van …

## 4
(Beispiellösung)
1. Hij doet dat heel graag.
2. Wil je een kopje koffie?
3. Mijn zus en ik gaan samen naar zee.
4. Donderdagavond gaan we naar de bioscoop.
5. Wat zijn je hobby`s?

## 5
(Beispiellösung)
1. Wat ga je in het weekend doen?
2. Ga je morgen wandelen?
3. Ga je vanavond de film bekijken?
4. Wat ga je na de les doen?

## 6
1. Zal    2. Zal    3. zullen

## 7
(Beispiellösung)
1. Hij is aan het slapen.
2. Ze zijn aan het wandelen.
3. Hij is aan het lezen.
4. Ze zijn aan het voetballen.
5. We zijn aan het skiën.

## 8
1. de films
2. de paarden
3. de stereo's
4. de nachtkastjes
5. de tentoonstellingen
6. de bioscopen
7. de zeehonden
8. –
9. de televisies
10. de bureaus
11. de muizen
12. de duiven

## 9
1. het konijntje
2. het zonnetje
3. het biertje
4. het caviaatje
5. het woninkje
6. het koetje
7. het dingetje
8. het raampje
9. het aapje
10. het kaartje
11. het visje
12. het scheepje

## 10
dialoog 1: neue Bedeutung
dialoog 2: Kleinheit, Wertung
dialoog 3: Koseform
dialoog 4: Kleinheit, Wertung
dialoog 5: Wertung

## 11
1. geknutseld
2. gekaart
3. gezwommen
4. hardgelopen
5. geschaatst
6. gefotografeerd
7. gerelaxt
8. gelezen
9. geskied
10. gepuzzeld

## 12
1. de muis
2. de olifant
3. de mus
4. de kat
5. de kreeft
6. de tijger
7. het schaap
8. de beer
9. de geit
10. de meeuw
11. de parkiet
12. de kip
13. het paard
14. de duif
15. de eend

## 13
1a | 2e | 3d | 4b | 5c

## 15
1a | 2a | 3a | 4c

## 16
1. mistig
2. temperatuur
3. terras
4. tuinieren
5. kroeg
6. schaatsen
7. hollen
8. meeuw
9. storm
10. binnen

### Bij wijze van spreken 2
1. Nee, ik aai nooit honden.
2. Nee, ik heb nog nooit bomen gesnoeid.
3. Nee, hier is het nooit mooi weer.
4. Nee, hier waait het nooit zo hard.

### Bij wijze van spreken 3
*De mus* (Dat is ook de titel van het gedicht.)

### Bij wijze van spreken 4
1. waf waf
2. boe
3. tok tok tok
4. oenk oenk
5. kwak kwak
6. miauw

# 7 Druk, druk, druk!

## 1
1 – curriculum vitae
2 – persoonsgegevens
3 – onderwijs en opleiding
4 – werkervaring
5 – andere activiteiten

## 2
1. de penningmeester
2. het curriculum vitae
3. gehuwd
4. het lid
5. de vereniging
6. de hogeschool

## 3
1. Ik ben geboren en getogen in een klein dorpje in Noord-Holland.
2. Na de middelbare school heb ik als baliemedewerker gewerkt.
3. Ik ben met een opleiding bij een bank begonnen.
4. Daarna heb ik een studie bedrijfseconomie in deeltijd gedaan.
5. Sinds 2007 ben ik lid van de gemeenteraad.

## 4
☞ LB, S. 75

## 5
1. overuren gemaakt
2. zet, me, in
3. een beslissing nemen
4. terechtgekomen
5. is, lid

### 6
1. de   4. het   7. de    10. de   13. het
2. de   5. de    8. de    11. de   14. de
3. de   6. het   9. het   12. het  15. de

### 7
1. hij   3. hem   5. het
2. Ze    4. hem   6. het

### 8
1. de politieagente       6. de acteur
2. de leraar              7. de heldin
3. de verpleegster        8. de bibliothecaresse
4. de studente            9. de arts
5. de huisman            10. de zanger

### 9
1. mooier          6. liever
2. beter           7. liever
3. belangrijker    8. makkelijker
4. actiever        9. zekerder
5. kleiner        10. gezelliger

### 10
1. Willem is langer dan Fred.
2. Carina is jonger dan Geert.
3. Een nieuwe Volvo is duurder dan een nieuwe Peugeot.
4. De Noordzee is kouder dan de Oostzee.
5. Het appartement van Kirsten is even groot als het huis van Andries.
6. Het brutosalaris van Richard is even hoog als het brutosalaris van Jan.

### 11
1. heeft, gewerkt
2. heeft, gecontroleerd
3. heeft, onderzocht, heeft, geadviseerd
4. heeft, verkocht, ingepakt
5. heeft, gerepareerd

### 12
1e | 2b | 3f | 4a | 5c | 6d

### 13
1. architect          9. politicus
2. baliemedewerker   10. presentator
3. burgemeester      11. regisseur
4. docent            12. schrijver
5. elektricien       13. verkoper
6. groenteboer       14. voetballer
7. ingenieur         15. wetenschapper
8. loodgieter

#### Bij wijze van spreken 2
1. stemloos       7. stemloos
2. stemhebbend    8. stemloos
3. stemhebbend    9. stemloos
4. stemloos      10. stemloos
5. stemloos      11. stemloos
6. stemhebbend   12. stemhebbend

#### Bij wijze van spreken 4
1. kazen    3. lessen   5. brieven
2. huizen   4. dieven   6. giraffen

## 8 Op pad in de stad

### 1
1e | 2a | 3d | 4f | 5b | 6c

### 2
1. de plattegrond     7. de rotonde
2. het stoplicht      8. de kruising
3. de linkerkant      9. de bushalte
4. het plein         10. het steegje
5. oversteken        11. rechtsaf
6. verdwaald         12. de uitgang

### 3
1. U rijdt tot het stoplicht.
2. U slaat rechts af.
3. U neemt de tweede straat rechts.
4. U rijdt alsmaar rechtdoor.
5. U rijdt langs de kerk.
6. U slaat links af.
7. U rijdt om de rotonde.
8. U steekt de kruising over.
9. U rijdt de brug over.

# Lösungen zum Arbeitsbuch

### 4
- ▸ Goedemiddag, mevrouw. Kunt …
- ▫ Ja, natuurlijk.
- ▸ Ik ben verdwaald.
- ▫ Wat zoekt u, meneer?
- ▸ Nou, weet u misschien …
- ▫ Ja, dat weet ik. U slaat …
- ▸ Dank u wel. Weet u …
- ▫ Ja, in het winkelcentrum…
- ▸ Dank u wel, mevrouw.
- ▫ Graag gedaan. Succes!

### 5
1. eenentwintigste
2. eerste
3. derde
4. achtentachtigste
5. honderdste
6. twaalfde

### 6 (Beispiellösung)
1. Nee, ik ben het tweede kind.
2. Deze oefening is uit de achtste les.
3. Ik woon op de vierde verdieping.
4. Nee, Nederlands is mijn derde taal.

### 7
1. moet
2. zal
3. mogen
4. wil
5. kan
6. moet

### 8
1. Ik wil graag een plattegrond kopen.
2. Gisteren heeft ze hem toch nog kunnen bellen.
3. U moet bij het tweede stoplicht rechts afslaan.
4. Wil je morgen langskomen?
5. Ik wil nu graag naar huis gaan.
6. Mag ik alstublieft een plattegrond?

### 9
1b | 2b | 3c | 4c

### 10
1. Ik mag maximaal 120 km/u rijden.
2. Hij mag maximaal 80 km/u rijden.
3. Hij mag niet op snelwegen en autowegen rijden.
4. Hij mag in de stad maximaal 30 km/u rijden.

### 11
1. de bus
2. de pont
3. de metro
4. het schip
5. de tram
6. de stadsbus
7. de trein
8. de kinderwagen
9. de fiets
10. de motor
11. de auto
12. de brommer
13. de boot
14. de vrachtwagen
15. het vliegtuig

### 12
1. Heintje is pas om acht uur opgestaan.
2. Hij heeft moeten opschieten.
3. Maar hij is toch te laat bij de bushalte gekomen.
4. Hij heeft de bus gemist.
5. Hij heeft op de volgende bus gewacht.
6. Hij is ingestapt en bij de derde halte is hij overgestapt.
7. Hij is 20 minuten te laat aangekomen.

### 13
1. opschieten
2. politiebureau
3. uitstappen
4. Nijntje
5. missen
6. pont, postzegel
7. krant
8. beltegoed
9. bushalte

### Bij wijze van spreken 4
1. Parklaan, Langestraat
2. Kleineweg, Mariaweg, Rembrandtplein
3. Molenweg, Raadhuisstraat, Rembrandtplein, Rozenweg
4. Wilhelminastraat, Mariaweg

## Tussenstop 2

### 1
1. rookzone
2. trap
3. receptie
4. parkeerplaats
5. cafetaria
6. computerlokaal
7. fietsenrek

### 2
1c | 2b | 3b | 4ab | 5bc | 6ab

### 3
1. Als het niet regent, wandelen we met zijn allen door het bos.

2. Na mijn opleiding tot boekhouder heb ik een studie economie gedaan.
3. U gaat alsmaar rechtdoor tot het plein en dan ziet u aan de linkerkant het postkantoor.

**4** (Beispiellösung)
In het noorden van Nederland wordt het mistig en het regent. De temperatuur ligt rond de acht graden. In het zuiden schijnt de zon en de temperatuur stijgt naar waarden rond de dertien graden.

**5**
1. Op een achterkant van een boek.
2. Ze is een journaliste uit Duitsland.
3. Over de inhoud van het boek *Do ist der Bahnhof* van Annette Birschel.

**Op de proef gesteld 1**
1. heeft, geschilderd
2. Heb, bekeken
3. heeft, gesneeuwd
4. ben, geweest, heb, gewacht
5. hebben, gerelaxt, geslapen

**Op de proef gesteld 2**
1f | 2g | 3e | 4b | 5c | 6a | 7d

**Op de proef gesteld 3**
1. het autootje
2. het boekje
3. het baantje
4. het boompje
5. het balletje
6. het woninkje

**Op de proef gesteld 4**
1. naar
2. over, langs, tot
3. Na, met

## 9 Een kaartje uit Bali

**1**
links: de aanhef, de tekst, de slotformule, de afzender
rechts: de postzegel, de ontvanger, de straatnaam, het huisnummer, de postcode, de plaatsnaam, het land

**2**
1. het vliegveld
2. de snoep
3. de hoofdstad
4. het beeld
5. het graf

**3**
1. Wenen
2. hotel
3. heuvel
4. toeristisch
5. wandeling
6. natuur
7. logeren
8. tropisch
9. reis

**4**
1. geweest, was/waren
2. gelogeerd, logeerde(n)
3. uitgelegd, legde(n) uit
4. verkocht, verkocht(en)
5. gewerkt, werkte(n)

**5**
waren, logeerden, leenden, fietsten, bekeken, begon, ging, door, konden, luisterden, speelden, lazen, keken, werd, reden, hadden, kregen, aten, gingen, wandelden, zagen, dranken, bezochten, kocht

**6**
1. o.v.t.
2. o.t.t.
3. v.t.t.
4. o.v.t.
5. o.t.t.
6. v.t.t.
7. o.v.t.

**7**
1. zin 5
2. zin 2
3. zin 1, zin 3, zin 4, zin 6, zin 7
4. zin 3, zin 6
5. zin 1, zin 2
6. zin 4
7. zin 1, zin 7

**8**
1. wilden, hadden
2. kon
3. moesten
4. waren
5. mocht

**9** (Beispiellösung)
1. Rotterdam ligt zuidwestelijk van Amsterdam.
2. Arnhem ligt ten westen van Rotterdam.
3. Antwerpen ligt ten noorden van Brussel.
4. Leeuwarden ligt in het noorden van Nederland.
5. Mijn woonplaats ligt zuidoostelijk van Enschede.

## 10

1. Brugge
2. Nijmegen
3. Lelystad
4. Haarlem
5. Hasselt
6. Eindhoven
7. Apeldoorn
8. Leuven
9. Dordrecht

## 11

1. Denemarken
2. Zwitserland
3. Rusland
4. België
5. Frankrijk

## 12

1. Duitsland, Duits, Duitse, Duitser
2. Italië, Italiaans, Italiaanse, Italiaan
3. Oostenrijk, Duits, Oostenrijkse, Oostenrijker
4. Indonesië, Indonesisch, Indonesische, Indonesiër

## 13

Frankrijk, Denemarken, Polen, Zweden, Spanje, België, India, Zwitserland, Portugal, Rusland, Italië, Nederland, Australië

## 14

1. Noord-Holland
2. de fiets
3. Frans
4. Luik
5. Duitsland

## 15

1. In augustus waren we in Spanje op vakantie.
2. We houden van stedentrips en waren in Madrid, Barcelona en Valencia.
3. We wandelden door de natuur en bekeken verschillende bezienswaardigheden.
4. In de tweede week logeerden we in een hotel vlakbij het strand.
5. We zonnebaadden, lazen boeken, kaartten, schreven kaartjes en aten Spaanse vis.

### Bij wijze van spreken 1

1. spellen
2. maand
3. willen
4. woorden

### Bij wijze van spreken 2

1. W<u>e</u>nen
2. de <u>aa</u>p
3. d<u>u</u>ren
4. het n<u>oo</u>rden
5. w<u>a</u>ndelen
6. D<u>e</u>nem<u>a</u>rken
7. z<u>o</u>nneb<u>a</u>den
8. de br<u>u</u>g

# 10 Lekker eten

## 2

1. Heeft u …? / Is … in de aanbieding?
2. Wat kost/kosten …?
3. Die kosten/zijn … euro. / Een kilo voor … euro.
4. Dat is … bij elkaar.

## 3

1b | 2ab | 3a | 4a | 5ac | 6b

## 4

1. Ik wil graag een tafel reserveren voor aanstaande zaterdag.
2. Wilt u voor de lunch of voor het diner reserveren?
3. We willen graag dineren.
4. Hoe laat wilt u komen?
5. De reservering staat genoteerd.
6. Kan ik verder nog iets voor u doen?

## 5

1. Voor hoeveel personen wilt u reserveren?
2. Hoe kan ik betalen?
3. Hoe laat wilt u komen?
4. Op welke naam kan ik reserveren?
5. Voor wanneer wilt u reserveren?

## 6

1. die
2. wie
3. wat
4. dat
5. waarin
6. die

## 7

1. die
2. wie
3. die
4. waarop
5. dat
6. wat

## 8

1. Wees voorzichtig!
2. Schil de aardappels!
3. Let op de tijd!
4. Eet met mes en vork!

## 9

1. ging, noteerde
2. lukte
3. zaten
4. waste, schilde, zette, op
5. likte, af

## 10

➥ LB, S. 114

4. Ik zou het niet erg hebben gevonden.
5. Ik denk dat zoiets ook in mijn stad zou kunnen gebeuren.
6. Ik zou proberen met de andere badgasten erover te praten.

## 16 Kunstzinnig of kunstmatig?

### A1
1. een stadswandeling
2. over Amsterdam
3. moderne gebouwen in het oostelijk havengebied

### A2
2, 3, 4, 6, 7, 9

### A3
1. tien etages, verschillende theaterzalen, expositieruimtes, enkele musea, vergaderruimten, dakterras, open karakter, grote ramen, hoge

### B3
1. besloten
2. maken
3. geopend
4. ondergebracht
5. bouwen
6. ontworpen

### B4
zin 1: *De architect* is belangrijk.
zin 2: *Het nieuwe gebouw* is belangrijk.

### B6
1. presens – presens van *worden* + voltooid deelwoord
2. perfectum – presens van *zijn* + voltooid deelwoord
3. imperfectum – imperfectum van *worden* + voltooid deelwoord
4. futurum – futurum van *worden* + voltooid deelwoord

### B7
De directeur opent het nieuwe gebouw. – Der Direktor eröffnet das neue Gebäude.

4. Ik zou het niet erg hebben gevonden.
5. Ik denk dat zoiets ook in mijn stad zou kunnen gebeuren.
6. Ik zou proberen met de andere badgasten erover te praten.

## 16 Kunstzinnig of kunstmatig?

### A1
1. een stadswandeling
2. over Amsterdam
3. moderne gebouwen in het oostelijk havengebied

### A2
2, 3, 4, 6, 7, 9

### A3
1. tien etages, verschillende theaterzalen, expositieruimtes, enkele musea, vergaderruimten, dakterras, open karakter, grote ramen, hoge

### B3
1. besloten
2. maken
3. geopend
4. ondergebracht
5. bouwen
6. ontworpen

### B4
zin 1: *De architect* is belangrijk.
zin 2: *Het nieuwe gebouw* is belangrijk.

### B6
1. presens – presens van *worden* + voltooid deelwoord
2. perfectum – presens van *zijn* + voltooid deelwoord
3. imperfectum – imperfectum van *worden* + voltooid deelwoord
4. futurum – futurum van *worden* + voltooid deelwoord

### B7
De directeur opent het nieuwe gebouw. – Direktor eröffnet das neue Gebäude.
Het nieuwe gebouw wordt (door de direc-

5. de muis
6. de scanner
11. de drive
12. de webcam

### 2
1i | 2f | 3c | 4e | 5k | 6a | 7h | 8n | 9j | 10d | 11l | 12m | 13b | 14g

### 9
(Beispiellösung)
Het gedicht gaat over het einde van de dag.

### 10
(Beispiellösung)
1. groot dier waarop je kan zitten
2. je hand heen en weer bewegen om iemand te groeten
3. iemand die in de trein de kaartjes controleert
4. iets minder maken
5. hoge weg waar een trein op rijdt
6. heel hard rijden
7. grijs dier dat op een paard lijkt, maar kleiner is
8. zich ergens naartoe rekken
9. iemand die een trein bestuurt
10. boven vastgemaakt zijn

## Lösungen zum Arbeitsbuch

### Bij wijze van spreken 3
1. j, sorry
2. j, de mayonaise
3. j, loyaal
4. j, de yoghurt
5. i, hyper
6. i, het type

## 16 Kunstzinnig of kunstmatig?

1. Welkom bij deze stadswandeling door het oostelijk havengebied.
2. We lopen naar de Centrale Bibliotheek.
3. De boot vaart langs het Oosterdokseiland.
4. Bedankt voor jullie aandacht.
5. Het gebouw lijkt op een grote zwarte doos.

### 2
1. het pakhuis
2. de gevel
3. het dakterras
4. het plafond
5. het grachtenhuis
6. het dak
7. het woonblok
8. de verdieping
9. het raam
10. het gebouw

4. De kunstenaar beeldt op het schilderij niet alleen kinderen, maar ook dieren af.
5. De recensenten raadden de cd aan.
6. Het stuk wordt door het gezelschap in Amsterdam gespeeld.
7. De auteur zal zelf uit de nieuwe roman voorlezen.
8. Het liedje werd door het meisje gezongen.

### 9
1. De roman *Komt een vrouw bij de dokter* wordt door Kluun voor een bioscoopfilm herschreven.
2. De kleuren werden door Van Gogh op zijn latere schilderijen vaak gevarieerd.
3. Het nieuwe stuk zal door het orkest ook in Groningen worden gespeeld.
4. De nieuwe cd van *Roosbeef* wordt helaas niet door veel radioprogramma's gedraaid.
5. Het schilderij *De kaartspelers* van Jan Lievens is door een veilinghuis voor 1,7 miljoen euro verkocht.

### 10

# Lösungen zum Arbeitsbuch

## Bij wijze van spreken 2
1. Ooo, Zing je graag?
2. oOo, Natuurlijk!
3. ooO, Ik ga weg.
4. oOo, Wat jammer!
5. oOo, Waar woon je?
6. oOo, In Arnhem.

## Bij wijze van spreken 3
1. de <u>kunst</u>, de <u>uit</u>leen, de <u>kunst</u>uitleen
2. de <u>kleur</u>, het ge<u>bruik</u>, het <u>kleur</u>gebruik
3. de sym<u>fo</u>nie, het or<u>kest</u>, het sym<u>fo</u>nieorkest
4. de mu<u>ziek</u>, het ge<u>bouw</u>, het mu<u>ziek</u>gebouw

## Tussenstop 4

### 1
1. tekstverwerker
2. webcam
3. bestanden
4. geheugenstick
5. printer
6. e-mailprogramma

### 2
1b | 2b | 3c | 4a

### 4
oom, kok, kas, vis, en, boeren, pakken, toen, keel, schrijf, maan, bom, gras, zoon, zee

### 5
1a | 2b | 3a | 4c

### 6
1. Komt een vrouw bij de dokter
2. Kluun
3. Reinout Oerlemans
4. Stijn en Carmen
5. Dat hij een groot succes wordt.

### Op de proef gesteld 1
1. zal, nemen
2. zullen, uitleggen
3. zal, sturen
4. zal, opslaan

### Op de proef gesteld 2
1. duurste
2. meest fantastische
3. liefst

### Op de proef gesteld 3
1c | 2d | 3f | 4a | 5b | 6e

## 3

1. Ja, maar dat is niet de enige oplossing.
2. Ik zoek een baan waarin ik me verder kan ontwikkelen.
3. Kunt u niet voor één keertje een uitzondering maken?

## Op de juiste getest 4

1. Het formulier is door de man ingevuld.
2. Het telefoontje van meneer Terpstra werd door Frans beantwoord.
3. Linda wordt door Marion opgehaald.

## Bildquellen

S. 15: Stichting Voedingscentrum Nederland

## 5

1. echter
2. bovendien
3. trouwens
4. Dus

traden op, gingen, stierf, bracht, groot, schreef, lokte, begon, ontwikkelde, verruilde, kreeg, wonnen

## 6

1. afgebeeld
2. verloren
3. afgewisseld
4. herschreven
5. afgespeeld
6. gekleurd
7. gedanst
8. verkocht

## 7

1f | 2c | 3h | 4a | 5d | 6e | 7g | 8b

## 8

1. De gemeente heeft de bouw van de nieuwe bibliotheek betaald.
2. De kunstenaar zal morgen door de manager worden gebeld.
3. De acteur is door de chauffeur naar huis gereden.

## 12

1. de directeur
2. het kunstwerk
3. het museum
4. de schilder
5. de grafiek
6. de architect
7. 
8. 
9. de film
10. het toneel
11. de dans
12. de literatuur

## 13

1. Ze vist achter het net.
2. Hij loopt steeds met zijn hoofd tegen de muur.
3. Ze trekt aan het kortste eind.
4. Ik zit al dagen op hete kolen.

## 14

1. fokschaap
2. kunstuitleen
3. aanbevelen
4. kunstenaar
5. muur
6. dansen
7. toneel
8. net
9. gevelsteen
10. aanrader

3. het Rijksmuseum
4. het museum

39

## Lösungen zum Lehrbuch

### C3 + C4

1. aan het langste/kortste eind trekken: winnen/verliezen, am kürzeren Ende ziehen
2. met het hoofd tegen de muur lopen: niet kunnen bereiken wat je wil, mit dem Kopf gegen die Wand rennen
3. op hete kolen zitten: ongeduldig wachten, auf heißen Kohlen sitzen
4. een oogje in het zeil houden: goed op iets letten
5. achter het net vissen: te laat zijn
6. door de mand vallen: betrapt worden

### C6

1. kunstuitleen, kunstwerk, kunstenaar
2. schilderij, grafiek, tekening, foto, bronzen en keramische objecten, glazen vazen en schalen
3. figuratief, abstract, expressief, ingetogen

### 11

het paard, zwaaien, minderen, leunen, de machinist

### 12

1. doven, uitschakelen, uittrekken
2. de persoon, het individu, het schepsel, het mannetje
3. rusten, pitten, snurken
4. brullen, hard zeggen, schreeuwen
5. het beest, het schepsel

## Tussenstop 4

### 1

1. het beeldscherm
2. het toetsenbord
7. de headset
8. de printer

overtuiging:
sticus, de atheïst
ke gezindheid:
chts-radicaal,

water van het IJ, grote glazen voorgevel, dak steekt aan de ene kant heel ver uit
3. futuristisch gebouw, lijkt op een enorme glazen golf
4. Jan Schaeferbrug loopt dwars door het pakhuis heen
5. zien er allemaal anders uit, huizen langs de kade zijn 27 meter breed, huizen langs de grachtjes zijn vierenhalf meter breed
6. twee witte overspanningen van elk 75 meter, IJtram rijdt erover heen

## A4
1. Kubuswoningen in Rotterdam
5. Hoftoren, Castalia en Zurichtoren in Den Haag
8. Kasteel Leliënhuyze in Den Bosch

## B2
1. 't sexy fokschaap
2. Het geeft aan na welke letters van de stam van het werkwoord het voltooid deelwoord en de o.v.t. (het imperfectum) de uitgang -t krijgen.

chappelijk
ale problemen.

werd het zwem-

oor moslima's.
d omdat ze het

De directeur heeft het nieuwe gebouw ge
Der Direktor hat das neue Gebäude eröff
Het nieuwe gebouw is (door de directeur
pend. – Das neue Gebäude ist (vom Direl
eröffnet worden.
De directeur opende het nieuwe gebouw
Direktor eröffnete das neue Gebäude.
Het nieuwe gebouw werd (door de direc
geopend. – Das neue Gebäude wurde (v
tor) eröffnet.
De directeur zal het nieuwe gebouw op
Der Direktor wird das neue Gebäude erö
Het nieuwe gebouw zal (door de direct
den geopend. – Das neue Gebäude wird
Direktor) eröffnet werden.
In de v.t.t. (het perfectum) is er geen ec
van het Duitse worden.

## C2
1. (Beispiellösung)
Er zijn meer dan 100 Nederlandse er
spreekwoorden en gezegdes op het
afgebeeld.
2. Die großen Fische fressen die kleine

## A4

3. futuristisch gebouw, lijkt op een enorme glazen golf
4. Jan Schaeferbrug loopt dwars door het pakhuis heen
5. zien er allemaal anders uit, huizen langs de kade zijn 27 meter breed, huizen langs de grachtjes zijn vierenhalf meter breed
6. twee witte overspanningen van elk 75 meter, IJtram rijdt erover heen

water van het IJ, grote glazen voorgevel, dak steekt aan de ene kant heel ver uit

5. Hoftoren, Castalia en Zurichtoren in Den Haag
8. Kasteel Leliënhuyze in Den Bosch

## B2

1. 't sexy fokschaap
2. Het geeft aan na welke letters van de stam van het werkwoord het voltooid deelwoord en de o.v.t. (het imperfectum) de uitgang -t krijgen.

tor) eröffnet.
De directeur heeft het nieuwe gebouw geopend. – Der Direktor hat das neue Gebäude eröffnet.
Het nieuwe gebouw is (door de directeur) geopend. – Das neue Gebäude ist (vom Direktor) eröffnet worden.
De directeur opende het nieuwe gebouw. – Der Direktor eröffnete das neue Gebäude.
Het nieuwe gebouw werd (door de directeur) geopend. – Das neue Gebäude wurde (vom Direktor) eröffnet.
De directeur zal het nieuwe gebouw openen. – Der Direktor wird das neue Gebäude eröffnen.
Het nieuwe gebouw zal (door de directeur) worden geopend. – Das neue Gebäude wird (vom Direktor) eröffnet werden.
In de v.t.t. (het perfectum) is er geen equivalent van het Duitse worden.

## C2 (Beispiellösung)

1. Er zijn meer dan 100 Nederlandse en Vlaamse spreekwoorden en gezegdes op het schilderij afgebeeld.
2. Die großen Fische fressen die kleinen.

## Lösungen zum Arbeitsbuch

### 11
1. de knoflook
2. het zout
3. de vla
4. de suiker
5. het ei
6. de muesli
7. de pasta
8. de drop
9. de jam
10. het sap
11. het bier
12. de melk
13. de boter
14. de room
15. de rijst

### 12
1. pond, gram, ons
2. vla
3. zuur
4. Asperges
5. dagschotel
6. biologische

### 13
de vork, zout en peper, de stoel, het bord, het tafelkleed, de lepel, het wijnglas

### 14
1. marktkraam
2. groenten
3. nagerecht
4. wortels
5. mengen
6. stamppot
7. pan
8. klant
9. menukaart
10. potje

**Bij wijze van spreken 3**
1. t, de tomaat
2. p, het pak
3. d, de druif
4. t, de tosti
5. p, de paling
6. b, de bak

## 11 Gefeliciteerd!

### 1
☞ LB, S. 120

### 2
1. Ik ben jarig.
2. Ik wil je uitnodigen voor mijn verjaardag.
3. Bedankt voor je uitnodiging.
4. Wat wil je graag hebben?

### 3
1. feestje
2. vieren
3. verjaardag
4. apart
5. cadeautje
6. bioscoopbon

### 4
1. Is Richard er?
2. Mij schiet net te binnen dat …
3. Het mag best iets duurs zijn.
4. Ik moet nu ervandoor.

### 5
1. de verjaardag – de verjaardagen
2. het cadeau – de cadeaus
3. het idee – de ideeën
4. de bioscoop – de bioscopen
5. het strand – de stranden
6. de boekenbon – de boekenbonnen

### 6
1. Richard vierde elk jaar zijn verjaardag.
2. In het weekend gingen we met zijn allen strandzeilen.
3. Het werd inderdaad weer tijd voor een feestje.
4. Hij wilde graag een bioscoopbon hebben.
5. Richard was blij dat Sonja op zijn verjaardag kwam.

### 7
1. voor, van
2. naar, voor
3. op, naar
4. op

### 8
1. fout; Susan is blij omdat ze jarig is.
2. goed
3. fout; Op het feestje van Richard kwamen veel vrienden.
4. fout; Matthijs komt niet omdat hij altijd op zaterdagavond werkt.
5. goed
6. goed

### 9
1. omdat
2. want
3. omdat
4. omdat
5. want

### 10
1. Ik geef mijn moeder een boekenbon voor haar verjaardag.
2. Maar de laatste keer heb je haar ook al een boekenbon voor haar verjaardag gegeven.
3. Maar ik weet dat ze een boekenbon altijd leuk vindt.
4. Ik geef mijn moeder dit jaar een cd-speler, want haar oude cd-speler is kapot.
5. Waarom geef je haar geen cadeaubon?
6. Omdat ik een cadeaubon geen leuk cadeau vind.
7. Nou, ik vind het altijd moeilijk een goed cadeau te bedenken.

33

## 11
1. Hij ligt de krant te lezen.
2. Ze staan te kletsen.
3. Ze zitten te wachten.
4. Ze zit te bellen.
5. Hij loopt iets te zoeken.
6. Ze ligt te kijken.

## 12
1. oud en nieuw
2. verjaardag
3. sinterklaasavond
4. Koninginnedag
5. Prinsjesdag

## 13
1. de geboorte
2. het feestje
3. Pasen
4. het cadeau
5. slapen

## 14
1g | 2b | 3e | 4f | 5h | 6d | 7c | 8a

### Bij wijze van spreken 1
▶ →   ▶ ↗
◻ →   ◻ ↘
▶ ↗   ▶ →
◻ ↘   ◻ →

### Bij wijze van spreken 2
▶ Goedemorgen!
◻ Goedemorgen!
▶ Is mijn horloge klaar?
◻ Uw horloge is morgen klaar.
▶ Morgen pas?
◻ Ja, morgen pas.
▶ Goedemorgen! / Tot morgen!
◻ Goedemorgen! / Tot morgen!

### Bij wijze van spreken 4
1. 😐 Goed, dan weet ik het.
2. 🙂 O, wat fijn!
3. ☹ O, wat jammer!

# 12 Hoofd, schouders, knie en teen

## 1
1. rok
2. overhemd
3. laarzen
4. muts
5. sjaal

## 2
▶ Goedemiddag, meneer …
◻ Ik ben op zoek naar …
▶ De spijkerbroeken hangen …
◻ Ik vind hem wel leuk, maar …
▶ Welke maat heeft u?
◻ Ik heb maat 34.
▶ Hier heb ik maat 34.
◻ Bedankt. Waar zijn …
▶ De paskamers vindt u …
…
▶ En hoe zit die?
◻ Hij zit prima. Ik …
▶ Prima. Wilt u …
◻ Ik wil graag betalen.

## 3
1. Ik wil deze broek graag ruilen.
2. Heb je deze rok ook in het zwart?
3. Zou ik hem even kunnen passen?
4. Heb je deze schoenen ook in maat 39?

## 4
1. sportieve
2. korte
3. slobberig
4. krappe
5. hip
6. elegante

## 5
1. zouden, hebben, zouden, verkopen
2. zou, doen
3. zou, passen

## 6
1. Als ik geld had, ging ik naar Curaçao op vakantie.
2. Als ik nieuwe schoenen nodig had, ging ik naar die kleine schoenenwinkel.
3. Als jullie langskwamen, deed ik de deur niet open.

## 7
1. Als ik jou was, zou ik een andere jurk aantrekken.
2. Dat zou ik niet doen.
3. Als ik zo mooi was als jij, zou ik de hele dag voor de spiegel staan.

## 8
1. Ga een keertje lekker op vakantie!
2. Drink wat minder alcohol!
3. Ga een keertje vroeg naar bed!
4. Doe eens wat meer aan sport!
5. Doe dat gewoon!

## 9
1. de handen     4. de ogen      7. de vingers
2. de voeten     5. de benen     8. de tanden
3. de oren       6. de armen

## 10
(Beispiellösung)
1. de voeten, de benen, de tenen
2. de armen, de schouders, de buik, de rug
3. het hoofd, de oren

## 11
1b | 2g | 3f | 4a | 5h | 6c | 7e | 8d

## 12
1. C. Hasselt
2. Ik bel 0900 – 999 09 09.
3. Ik bel 050 – 697 15 00 of stuur een mailtje naar afspraak@ocgroningen.nl.
4. Ik kan tussen 11.00 uur en 14.00 uur bellen.
5. Nee, alleen op afspraak.

## 13
1. koorts         4. rugpijn       7. hooikoorts
2. verkouden      5. keelpijn      8. hoofdpijn
3. overspannen    6. hoesten       9. RSI

## 14
1. Ik heb kiespijn.        5. Ik heb hoofdpijn.
2. Ik ben verkouden.       6. Ik heb last van
3. Ik heb keelpijn.           slapeloosheid.
4. Mijn arm is gebroken.

## 15
1. slobberig,       4. tablet        8. bewegen
   spijkerbroek     5. allergisch    9. jurk
2. gezicht          6. insmeren
3. krap             7. hoesten

### Bij wijze van spreken 2
1. ou/au, de schouder    5. ee, het been
2. ui, de buik           6. ee, zeer
3. ui, de trui           7. ei/ij, wijd
4. ou/au, augustus       8. ei/ij + ee, de keelpijn

## Tussenstop 3

### 1
1. koffer              5. tandenborstel
2. tabletten           6. adresboekje
3. zonnebrandcrème     7. slippers
4. zwembroek           8. foto's

### 2
1b | 2b | 3b | 4b | 5b | 6a

### 3
1. schouder    6. Griek     11. uitnodigen
2. azijn       7. rok       12. diploma
3. Pasen       8. sla       13. rijst
4. kool        9. zalm      14. noorden
5. mes         10. muisjes

tongbreker: Papa bukt zich en pakt een platte blauwe bakpan.

### 4
1. De belangrijkste Nederlandse tradities werden bekend gemaakt.
2. Honderd tradities werden onderzocht.
3. De Nederlandse bevolking bepaalde via een enquête welke tradities onderzocht werden.

### 5
oliebollen eten, vrijmarkt op Koninginnedag, haring happen, pakjesavond, beschuit met muisjes

### Op de proef gesteld 1
1. sportte      3. zei           5. slaagde, waren
2. was, sneed   4. werkte, over  6. was, viel, mee

### Op de proef gesteld 2
1b | 2d | 3f | 4g | 5h | 6a | 7e | 8c

## Op de proef gesteld 3

1. wat
2. die
3. wie
4. dat
5. waarmee

## 13 Met hart en ziel

**1**

1f | 2e | 3h | 4b | 5a | 6d | 7c | 8g

**2** (Beispiellösung)
1. Saaie mensen zitten alleen maar thuis en doen niets spannends.
2. Charmante mensen zijn heel vriendelijk en aardig.
3. Geduldige mensen kunnen rustig op iets wachten.
4. Dominante mensen hebben invloed op anderen.
5. Serieuze mensen lachen niet vaak.

**3**

1a | 2b | 3b | 4c

**5**
1. avontuurlijk
2. betrouwbaar
3. gevoelig
4. grappig
5. hulpvaardig
6. impulsief
7. oppervlakkig
8. romantisch
9. rustig
10. serieus
11. tactvol
12. zorgeloos

**7**
1. koppiger
2. duurder
3. makkelijker
4. beter
5. nieuwsgieriger
6. meer

**8**
1. beter, dan
2. even, mooi
3. vies, als
4. gevoelig, als
5. charmanter
6. tactvoller, dan
7. meer, dan
8. efficiëntere, dan

**9**
1. aardig, aardiger, het aardigst
2. duur, duurder, het duurst
3. rustig, rustiger, het rustigst
4. attent, attenter, het attentst
5. veel, meer, het meest
6. romantisch, romantischer, het meest romantisch
7. graag, liever, het liefst
8. serieus, serieuzer, het serieust

**10**
1. mooiste
2. geduldigste
3. liefst
4. laagste
5. hoogste
6. lekkerst
7. meest fantastische
8. koudste

**11**
1. zich zorgen maken, de vrees, de angst
2. onrustig zijn, nerveus zijn, de zenuw
3. de trots
4. verlaten, de eenzaamheid, alleen
5. slecht gehumeurd zijn
6. ergeren, irriteren, de irritatie
7. de weerzin, zich van iets afkeren
8. de vreugde, zich verheugen op, het plezier
9. het verdriet, de rouw
10. pesten, kwetsen, gekwetst zijn

**12**
1. op
2. voor
3. door
4. voor
5. door
6. Met
7. met
8. op

**14**
1. ontrouw
2. tevreden zijn
3. gevoelig
4. hulpvaardig

**15**
☞ LB, S. 152

**16**
1. Ik mis je en ben gek op je.
2. Met je gedrag irriteer je me mateloos.
3. Ik denk dat je gelijk hebt.
4. Mijn collega is de luiste persoon die ik ken.
5. Hij denkt de hele dag aan zijn fantastische vriendin.
6. Volgens mij is dat een goede oplossing.
7. Je neemt te veel hooi op je vork.

## Bij wijze van spreken 1

1. ij
2. sjwa
3. sjwa
4. ij
5. ij
6. sjwa
7. ij
8. sjwa

### Bij wijze van spreken 3
1. de spreker
2. de schrijver
3. de vertaler
4. de verkoper
5. de denker
6. de genieter

## 14 Vers van de pers

**1**
1f | 2c | 3a | 4b | 5e | 6d

**2**
1. Geachte heer …, / Geachte mevrouw …,
2. Met vriendelijke groet,

**4**
1. baas
2. A4'tjes
3. spelfouten
4. sollicitatiebrief
5. zegt, op
6. telefoontje
7. vacatures
8. opstuurt

**5**
1. naar
2. naar
3. Met
4. op
5. op
6. Na
7. Op
8. bij

**6**
1. ontwikkelde
2. volgde, op
3. tekende
4. solliciteerde
5. lichtte, toe

**7**
de: vacature, herhaling, webpagina, radio, reclame, serie
het: telefoontje, sollicitatiegesprek, contract, salaris, toestel, bericht, artikel, journaal

**8**
1. de functies
2. de gebieden
3. de adviezen
4. de sollicitatiebrieven
5. de uitzendingen
6. de bazen
7. de radio's
8. de documentaires
9. de webpagina's
10. de journalisten

**9**
1. o.t.t.
2. o.t.t.t.
3. *gaan* + infinitief
4. o.t.t.t.
5. o.t.t.
6. *gaan* + infinitief

**10**
1. zal/zullen, vergeten
2. zal, gaan
3. zal, printen
4. zullen, verwerken
5. zal, bezorgen

**11**
1. Hyves is de grootste vriendensite van Nederland.
2. Op tv zijn er alleen nog maar herhalingen van oude series.
3. De verslaggever zal morgen vast weer over interessante nieuwe gebeurtenissen schrijven.
4. Helaas is er geen vervolg op *Gooische vrouwen*.
5. Ik ben al sinds 10 jaar geabonneerd op de *Volkskrant*.
6. Het weerbericht is voor mij altijd het belangrijkste van het journaal.

**12**
de afzender, de ontvanger, de plaats en de datum, het onderwerp, de aanhef, de inleiding, de persoonlijke achtergrond, de motivatie, de afronding, de slotformule, de handtekening, de bijlage

**14**
1. journalist
2. rondsnuffelen
3. krantenkop
4. tijdschriften
5. reclame
6. mop
7. pesten
8. salaris
9. bijlage

### Bij wijze van spreken 1
1. <u>k</u>ijken, <u>na</u>kijken, be<u>k</u>ijken
2. het <u>ant</u>woord, be<u>ant</u>woorden, verant<u>woord</u>elijk
3. <u>staan</u>, <u>op</u>staan, be<u>staan</u>
4. <u>k</u>open, de verk<u>op</u>er, verk<u>op</u>en
5. <u>schrijv</u>en, be<u>schrijv</u>en, het <u>schrijf</u>blok
6. de <u>lief</u>de, <u>lief</u>, ver<u>lief</u>d

### Bij wijze van spreken 2
Oo: Gouda, Zwolle, Arnhem, Haarlem
oO: Maastricht, Den Haag, Leerdam

### Bij wijze van spreken 3
1. het <u>a</u>lfabet
2. febru<u>a</u>ri
3. de ler<u>ares</u>
4. de <u>o</u>lifant
5. Amster<u>dam</u>
6. de burge<u>mees</u>ter
7. de <u>a</u>fdeling
8. de hoge<u>school</u>
9. <u>A</u>ntwerpen
10. de cafe<u>ta</u>ria
11. de vrien<u>din</u>
12. de <u>ki</u>lometer

## 15 Hand in hand

**1**
1. ID-kaart
2. rijbewijs
3. verblijven
4. vergunning
5. zorgpas
6. huurcontract

**2**
1bc | 2ac | 3b | 4ab | 5b | 6ab

**3**
1. Gelooft u me toch!
2. Kunt u niet voor één keertje een uitzondering maken?
3. Ik wil graag een … aanvragen.
4. Ik wil me bij de gemeente laten inschrijven.

**4**
1. Welke documenten heb ik daarvoor nodig?
2. Kan ik hier een burgerservicenummer krijgen?
3. Het spijt me, maar zonder huurcontract kan ik u niet inschrijven.
4. Als je burger van de EU bent, hoef je geen verblijfsvergunning aan te vragen.

**5**
1. de documenten
2. de zorgpassen
3. de kunstenaars
4. de leestekens
5. de balies
6. de vermogens
7. de postbussen
8. de interviews
9. de punten
10. de gedachtes

**6**
de, de, een, een, een, een, de, het, de, een, Het, een, een, een, de, een, een, een, een, de

**7**
1. tussen
2. uit, naar
3. Zonder
4. over
5. binnen, via, aan
6. Na, met
7. voor

**8**
1. een aardige ambtenaar
2. de dure ziektekostenverzekering
3. het verkeerde document
4. de rustige ochtend/morgen
5. een lang interview
6. de goede gedachtes
7. een groot vermogen

**9**
1. rustig, rustiger, het rustigst
2. lang, langer, het langst
3. vervelend, vervelender, het vervelendst
4. moeilijk, moeilijker, het moeilijkst
5. weinig, minder, het minst
6. depressief, depressiever, het depressiefst
7. goed, beter, het best
8. makkelijk, makkelijker, het makkelijkst

**10**
1. heeft, beschreven
2. heeft, uitgestuurd
3. ben, begonnen
4. heeft, gereageerd
5. Heb, opgelost
6. heb, ingetoetst
7. zijn gevlucht
8. heb gevoeld

**11**
1. Omdat Besat niet in zijn geboorteland kon blijven, vluchtte hij naar Europa.
2. Heb je ook de Blauwe Moskee bezocht toen je in Caïro was?
3. In artikel 1 van de Grondwet voor het Koninkrijk der Nederlanden staat dat iedereen in Nederland gelijk is.
4. Gelooft u me toch!
5. De volgende documenten hebt u nodig als u zich wilt laten inschrijven bij de gemeente: legitimatiebewijs, geboorteakte, huurcontract, eventueel huwelijks- of echtscheidingsakte.

**12**
1. de zin
2. de moskee
3. het burgerservicenummer
4. de klacht
5. de humanist

**13**
1. Ik stel voor om morgen over dit onderwerp te praten.
2. Hoewel ik het met u eens ben, begrijp ik ook de directeur.
3. Volgens mij kunnen we het probleem heel makkelijk oplossen.
4. De klacht van mevrouw Tichelaar is grote onzin.
5. In onze straat zijn er een kerk en een moskee.

**14**
☞ LB, S. 173

### Bij wijze van spreken 3
1. i, sorry
2. j, de mayonaise
3. j, loyaal
4. j, de yoghurt
5. i, hyper
6. i, het type

## 16 Kunstzinnig of kunstmatig?

### 1
1. Welkom bij deze stadswandeling door het oostelijk havengebied.
2. We lopen naar de Centrale Bibliotheek.
3. De boot vaart langs het Oosterdokseiland.
4. Bedankt voor jullie aandacht.
5. Het gebouw lijkt op een grote zwarte doos.

### 2
1. het pakhuis
2. de gevel
3. het dakterras
4. het plafond
5. het grachtenhuis
6. het dak
7. het woonblok
8. de verdieping
9. het raam
10. het gebouw

### 3
1. echter
2. bovendien
3. trouwens
4. Dus

### 5
traden op, gingen, stierf, bracht, groot, schreef, lokte, begon, ontwikkelde, verruilde, kreeg, wonnen

### 6
1. afgebeeld
2. verloren
3. afgewisseld
4. herschreven
5. afgespeeld
6. gekleurd
7. gedanst
8. verkocht

### 7
1f | 2c | 3h | 4a | 5d | 6e | 7g | 8b

### 8
1. De gemeente heeft de bouw van de nieuwe bibliotheek betaald.
2. De kunstenaar zal morgen door de manager worden gebeld.
3. De acteur is door de chauffeur naar huis gereden.
4. De kunstenaar beeldt op het schilderij niet alleen kinderen, maar ook dieren af.
5. De recensenten raadden de cd aan.
6. Het stuk wordt door het gezelschap in Amsterdam gespeeld.
7. De auteur zal zelf uit de nieuwe roman voorlezen.
8. Het liedje werd door het meisje gezongen.

### 9
1. De roman *Komt een vrouw bij de dokter* wordt door Kluun voor een bioscoopfilm herschreven.
2. De kleuren werden door Van Gogh op zijn latere schilderijen vaak gevarieerd.
3. Het nieuwe stuk zal door het orkest ook in Groningen worden gespeeld.
4. De nieuwe cd van *Roosbeef* wordt helaas niet door veel radioprogramma's gedraaid.
5. Het schilderij *De kaartspelers* van Jan Lievens is door een veilinghuis voor 1,7 miljoen euro verkocht.

### 10
1. de muziek
2. de collectie
3. het museum
4. de schilder
5. de grafiek
6. de architect
7. de componist
8. de symfonie
9. de film
10. het toneel
11. de dans
12. de literatuur

### 12
1. de directeur
2. het kunstwerk
3. het Rijksmuseum
4. het museum

### 13
1. Ze vist achter het net.
2. Hij loopt steeds met zijn hoofd tegen de muur.
3. Ze trekt aan het kortste eind.
4. Ik zit al dagen op hete kolen.

### 14
1. fokschaap
2. kunstuitleen
3. aanbevelen
4. kunstenaar
5. muur
6. dansen
7. toneel
8. net
9. gevelsteen
10. aanrader

### Bij wijze van spreken 2
1. Ooo, Zing je graag?
2. oOo, Natuurlijk!
3. ooO, Ik ga weg.
4. oOo, Wat jammer!
5. oOo, Waar woon je?
6. oOo, In Arnhem.

### Bij wijze van spreken 3
1. de kunst, de uitleen, de kunstuitleen
2. de kleur, het gebruik, het kleurgebruik
3. de symfonie, het orkest, het symfonieorkest
4. de muziek, het gebouw, het muziekgebouw

## Tussenstop 4

### 1
1. tekstverwerker
2. webcam
3. bestanden
4. geheugenstick
5. printer
6. e-mailprogramma

### 2
1b | 2b | 3c | 4a

### 3
1. Ja, maar dat is niet de enige oplossing.
2. Ik zoek een baan waarin ik me verder kan ontwikkelen.
3. Kunt u niet voor één keertje een uitzondering maken?

### 4
oom, kok, kas, vis, en, boeren, pakken, toen, keel, schrijf, maan, bom, gras, zoon, zee

### 5
1a | 2b | 3a | 4c

### 6
1. *Komt een vrouw bij de dokter*
2. Kluun
3. Reinout Oerlemans
4. Stijn en Carmen
5. Dat hij een groot succes wordt.

### Op de proef gesteld 1
1. zal, nemen
2. zullen, uitleggen
3. zal, sturen
4. zal, opslaan

### Op de proef gesteld 2
1. duurste
2. meest fantastische
3. liefst

### Op de proef gesteld 3
1c | 2d | 3f | 4a | 5b | 6e

### Op de proef gesteld 4
1. Het formulier is door de man ingevuld.
2. Het telefoontje van meneer Terpstra werd door Frans beantwoord.
3. Linda wordt door Marion opgehaald.

## Bildquellen

S. 15: Stichting Voedingscentrum Nederland